Nähen Sie Ihre eigene

CAPSULE WARDROBE

5 Key-Pieces für Ihren persönlichen Stil

Für alle Mode- und Stoffbegeisterten, denen das
„gewisse Etwas“ wichtig ist.
Seid gegrüßt.

Nähen Sie Ihre eigene CAPSULE WARDROBE

5 Key-Pieces für Ihren persönlichen Stil

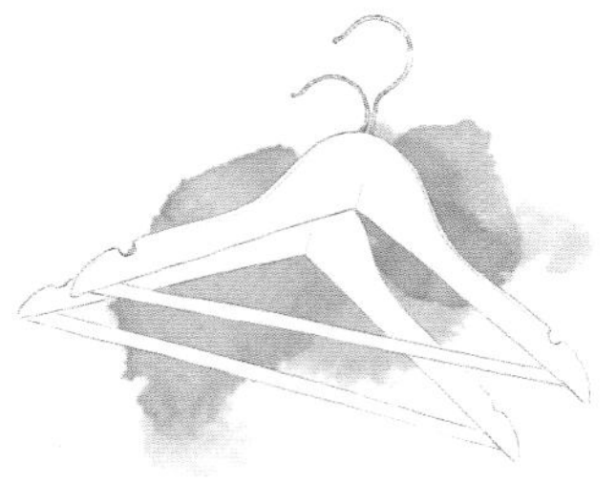

Arianna Cadwallader & Cathy McKinnon
Amanda Thomas (Fotos)

stiebner

INHALT

VORBEREITUNG UND TECHNIK

Passform

Stoffe

Nähtechniken

DIE CAPSULE COLLECTION

Ärmelloses Oberteil

Rock

Shiftkleid

Hose

Bluse

Arianna und Cathy

HALLO, wir sind Arianna und Cathy und wir designen und nähen Kleidungsstücke. In diesem Buch möchten wir Ihnen zeigen, wie Sie Ihre eigene Capsule Wardrobe (Basisgarderobe) nähen können. Das Geniale an einer Capsule Wardrobe ist, dass sie keinen Trends unterworfen ist. Sie besteht aus wenigen perfekt sitzenden Teilen, die die Grundlage für Ihre restliche Garderobe bilden. Die Idee der Capsule Wardrobe wurde in den 1970er-Jahren von Susie Faux entwickelt, die in London die Boutique „Wardrobe" betrieb. Mitte der 1980er-Jahre wurde der Grundgedanke von Donna Karan aufgegriffen, als sie ihre eigene, aus sieben perfekt aufeinander abgestimmten Teilen bestehende Capsule Wardrobe auf den Markt brachte. Seit der Zeit gehört die Capsule Wardrobe als ganz bewusster Teil zum Lifestyle vieler Frauen. Eine auf wenige Teile beschränkte Garderobe beschert ein ganz neues Gefühl von Freiheit. Freiheit, weil man sich nicht ständig entscheiden muss, weil man nicht immer dem neuesten Modetrend folgen muss und weil man sich für den ganz persönlichen Stil entscheiden kann. Stellen Sie sich vor, wie Sie Ihren Kleiderschrank öffnen und vor Ihnen eine kleine, feine Kollektion klassischer Modelle hängt – gut gebügelt und selbst genäht. Modelle, an denen Sie viele Jahre lang Ihre Freude haben. Modelle, die aus Ihrer eigenen Kreativität heraus entstanden sind. Stoffe, Schnitte, Farben und Details entsprechen genau Ihren eigenen Wünschen. Das ist Ihre Capsule Wardrobe.

Und wie fängt man an?

Die schwere Arbeit haben wir schon für Sie erledigt. Wir haben uns von allen möglichen Modestilen inspirieren lassen, haben uns mit bewährten Schnittmustern beschäftigt und Key-Pieces entworfen, die die Grundlage Ihrer eigenen Garderobe werden können. Sie müssen nur noch entscheiden, welche Vorlagen Sie verwenden wollen und mit welchen vorhandenen Kleidungsstücken Sie diese Key-Pieces kombinieren möchten.

Wenn Sie Ihre eigene Capsule Wardrobe nähen heißt das nicht, dass Sie Ihren Kleiderschank leerräumen müssen und nur noch einige wenige Teile dort ihren Platz finden dürfen. Es geht vielmehr darum, das Vorhandene auf ein sinnvolles Maß zu reduzieren und die ausgewählten Teile mit den selbst genähten Modellen zu kombinieren. So erhalten Sie eine Kollektion, bei der Sie alle Teile gerne tragen. Die Grundlage jeder Capsule Wardrobe sind einige Key-Pieces. Wenn Sie sorgfältig arbeiten, lassen sich alle Einzelteile der Kollektion problemlos miteinander kombinieren und sie hält (fast) ein Leben lang.

Arianna & Cathy X

Das Schöne an der ***Capsule Wardrobe*** *ist, dass sie sich nicht nach Trends richten muss.*

Die fünf Key-Pieces

Für jedes Key-Piece enthält das Buch eine Schnittvorlage für das Grundmodell und eine weitere für ein Alternativmodell, meist ein etwas weiterer legerer Schnitt. Sie können sich also für die formelle oder lockere Variante entscheiden – oder für beide.

1

ÄRMELLOSES OBERTEIL

Eng anliegend
Das enge Oberteil, das im Rücken einen Mittelträger hat, ist alltagstauglich.

Weiter Schnitt
Diese Variante sitzt lockerer, ist weiter am Saum und schmaler im Rücken.

2

ROCK

Figurbetont
Der schmale Midirock sitzt auf der Hüfte und fällt über das Knie.

Ausgestellt
Der hübsche Minirock wirkt durch die A-Linie sehr charmant.

SHIFTKLEID

Klassisch
Das leicht taillierte Shiftkleid endet über dem Knie.

Leger
Dieses Shiftkleid im Zeltschnitt fällt besonders locker.

HOSE

Gerade
Das Grundmodell ist ein Klassiker mit geradem Bein und halbhohem Bund.

Weit
Durch die besonders weite Beinform wirkt dieses Modell betont lässig.

BLUSE

Leicht tailliert
Diese Bluse mit kleinem Kragen und langen Ärmeln fällt locker.

Gerader Schnitt
Die Variante hat einen weiten Ausschnitt und Ärmel mit elastischen Bündchen.

PASSFORM

Maßnehmen

Die wichtigsten Maße sind Brust-, Taillen- und Hüftweite, denn auf ihnen baut jede Schnittvorlage auf. Da sich diese Körpermaße ändern können, empfehlen wir, sie mindestens einmal im Jahr zu überprüfen.

Nur die wenigsten von uns haben Standardmaße. Achten Sie also darauf, dass Sie alle Maße korrekt erfasst haben, bevor Sie sich mit der Schere an den Stoff machen. Bei den vorbereitenden Arbeiten geht es deshalb hauptsächlich um das Maßnehmen. Es ist zwar etwas mühsam, an sich selbst Maß zu nehmen, und es dauert auch einige Zeit, aber die Sorgfalt lohnt sich. Bitten Sie eine Freundin, Ihnen dabei zu helfen, denn es besteht die Gefahr, dass sie falsch messen, sobald Sie sich bücken oder drehen. Zum Maßnehmen brauchen Sie ein Maßband, ein Stück Schnur, einen Stift und ein Blatt Papier.

Die Liste auf Seite 13 ist ziemlich umfangreich, denn sie enthält viele Maße, die Sie nur dann wirklich brauchen, wenn Sie selbst Schnittvorlagen erstellen möchten. Für die Key-Pieces in diesem Buch brauchen Sie nicht alle aufgelisteten Maße, doch sie sind nützlich, wenn Sie weitere Nähprojekte planen oder Schnittvorlagen verändern möchten.

TIPPS FÜR DAS MASSNEHMEN

- Messen Sie immer vom Anfang des Maßbands aus.
- Wechseln Sie nicht zwischen dem metrischen und dem angelsächsischen Maßsystem hin und her.

So messen Sie richtig

1 Tragen Sie gut sitzende Unterwäsche und ziehen Sie die Oberbekleidung aus.

2 Stellen Sie sich barfuß und in einer natürlichen Haltung hin.

3 Binden Sie ein Stück Schnur um die Taille. Die Taille ist dort, wo der Oberkörper abknickt, wenn Sie sich zur Seite beugen. Die Taillenlinie brauchen Sie als Referenzlinie für einige andere Maße, die dort beginnen bzw. enden.

4 Messen Sie mit dem Maßband alle in der Tabelle angegebenen Bereiche aus. Legen Sie das Maßband straff, aber nicht zu eng um den Körper. Notieren Sie alle ermittelten Maße.

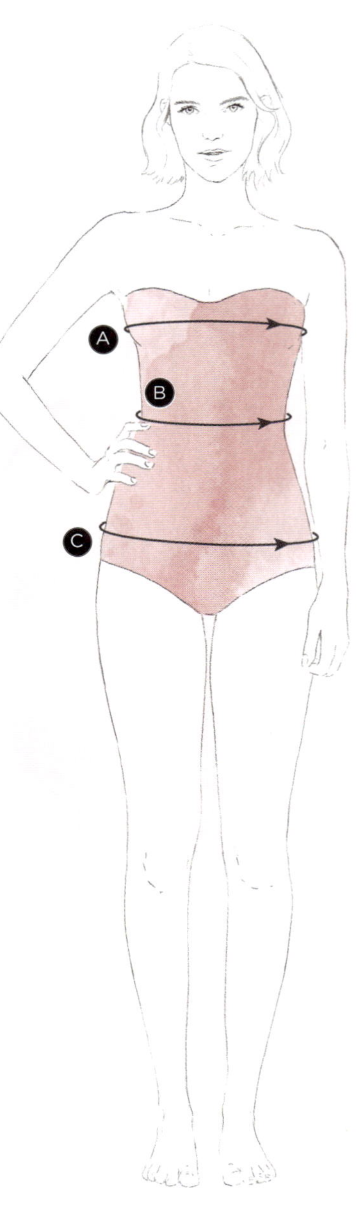

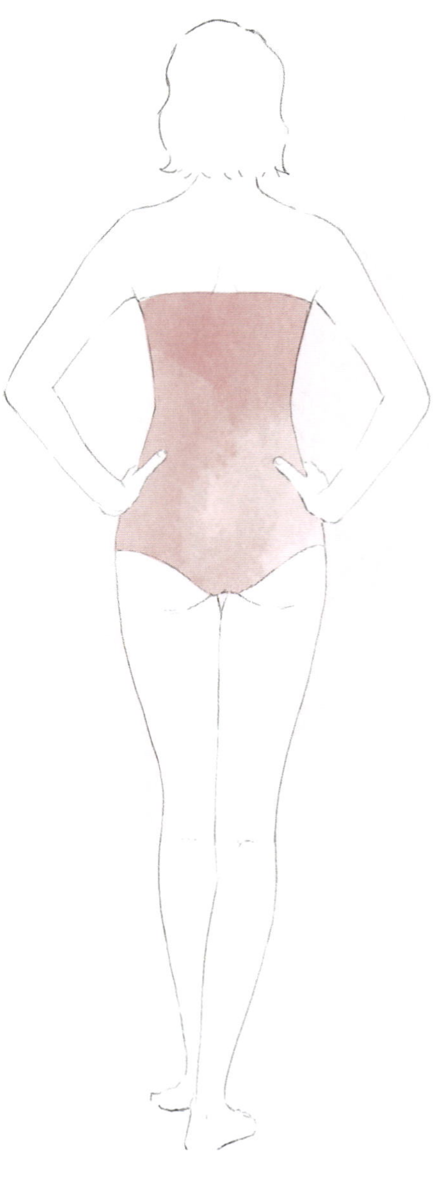

SCHNITT-KNOW-HOW

Nähen Sie für jedes Kleidungsstück erst ein Testmodell, weil die Maße noch angepasst werden müssen, nachdem Sie die Schnittvorlage bearbeitet haben (siehe Seite 18).

MASSTABELLE

OBERKÖRPER

MEINE MASSE

BRUSTWEITE (A) Über die stärkste Stelle der Brust

TAILLENWEITE (B) Über die Schnur in der Taille

HÜFTWEITE (C) Über die stärkste Stelle der Hüfte, je nach Körperform etwa 18–23 cm unterhalb der Taillenlinie

OBERE HÜFTWEITE Über die Hüfte auf Höhe der Hüftknochen, etwa 7,5 cm unterhalb der Taillenlinie

TAILLE BIS HÜFTE Von der Taillen- bis zur Hüftlinie

BRUSTWEITE Direkt unter den Armen, über die stärkste Erhebung der Brust

UNTERBRUSTWEITE Direkt unterhalb der Brust

BRUSTPUNKT ZU BRUSTPUNKT Von einer Brustspitze zur anderen

OBERBRUSTWEITE VORN MITTE Mitte Armausschnitt bis Mitte Armausschnitt

RÜCKENWEITE HINTEN MITTE Mitte Armausschnitt bis Mitte Armausschnitt

SCHULTERBREITE Vom Halsansatz bis zur Armkugel (wenn Sie den Arm heben, bildet sich dort ein Grübchen)

BRUSTTIEFE Vom Halsansatz bis zur Brustspitze

VORDERE TAILLENLÄNGE Vom Halsansatz bis zur Taillenlinie

AUSSCHNITT

Der vordere Halsansatz ist der tiefste Punkt am Schlüsselbein. Darüber verläuft der standardmäßige Halsausschnitt. Der hintere Halsansatz liegt genau auf der Halsmitte am untersten Halswirbel, der leicht vorsteht.

MEINE MASSE

VORDERER HALSANSATZ BIS BRUSTPUNKT
Vom Halsansatz gerade nach unten bis zum Brustpunkt

VORDERER HALSANSATZ BIS TAILLE
Vom Halsansatz gerade nach unten bis zur Taillenlinie

VORDERER HALSANSATZ BIS BODEN
Vom Halsansatz gerade nach unten bis zum Boden

HINTERER HALSANSATZ BIS TAILLE
Vom Halsansatz gerade nach unten bis zur Taillenlinie

*** HINTERER HALSANSATZ BIS BODEN** Vom Halsansatz gerade nach unten bis zum Boden

* Hierfür brauchen Sie eine Hilfsperson.

ARME

MEINE MASSE

SCHULTER BIS ELLBOGEN
Vom Schulterpunkt (Grübchen bei gehobenem Arm) bis zur Ellbogenspitze bei rechtwinkliger Armhaltung

ÄRMELLÄNGE
Vom Schulterpunkt bis zum Handgelenk bei natürlicher Armhaltung (leicht gebeugt)

INNERE ÄRMELLÄNGE
Von der Achselhöhle bis zum Handgelenk bei natürlicher Armhaltung (leicht gebeugt)

OBERARMWEITE
Über die stärkste Stelle des Oberarms bei gebeugtem Ellbogen

ELLBOGENWEITE
Umfang des Ellbogens bei gebeugtem Ellbogen

UNTERARMWEITE
Über die stärkste Stelle des Unterarms

HANDGELENKWEITE
Über die stärkste Stelle des Handgelenks

ARMAUSSCHNITT
Vom Schulterpunkt durch die Achselhöhle bis zurück zum Schulterpunkt

---

BEINE

MEINE MASSE

*** INNERE BEINLÄNGE**
Innen am Bein vom obersten Punkt bis zum Boden

*** ÄUSSERE BEINLÄNGE**
Außen am Bein von der Taillenlinie bis zum Boden

INNERE KNIELÄNGE
Innen am Bein vom obersten Punkt bis zum Knie

OBERSCHENKELWEITE
Über die stärkste Stelle des Oberschenkels – notieren Sie auch den Abstand zur Taillenlinie und zum obersten Punkt der inneren Beinnaht

UNTERSCHENKELWEITE
Über die stärkste Stelle des Unterschenkels – notieren Sie auch den Abstand zum obersten Punkt der inneren Beinnaht

KNÖCHELWEITE
Über die stärkste Stelle des Fußknöchels

SITZHÖHE
Bei aufrechter Sitzhaltung von der Taillenlinie bis zur Sitzfläche

SCHRITTLÄNGE
Von der vorderen Taillenlinie durch den Schritt bis zur hinteren Taillenlinie

* Hierfür brauchen Sie eine Hilfsperson.

Schnittvorlagen und Symbole

Die Hersteller von Schnittvorlagen verwenden ähnliche Symbole. Hier sind die wichtigsten. Sie finden Sie auf den Schnittvorlagen in diesem Buch wieder, ebenso auf den meisten Fertigschnitten.

Sternchen
Sternchen müssen auf den Stoff übertragen werden, damit die Schnittvorlagen korrekt ausgerichtet werden können. Sie können sie durchschlagen oder mit Kopierpapier bzw. Stecknadeln übertragen.

Stoffbruch
Dieses Symbol zeigt, wo die Kante der Schnittvorlage an den Stoffbruch gelegt werden muss. Manche Schnittteile werden nur als halbe Teile vorgegeben, weil sie symmetrisch sind. Falten Sie den Stoff, legen Sie die Schnittvorlage entsprechend der Markierung auf und schneiden Sie das komplette Teil aus.

Fadenlauf
Der Fadenlauf verläuft parallel zu den Webkanten. Der richtige Fadenlauf ist für den korrekten Falls des Kleidungsstücks ausschlaggebend.

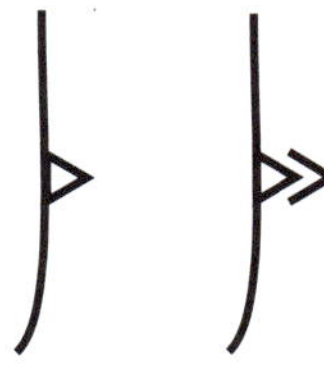

Einsetz- und Passzeichen
Sie helfen, die Stoffteile richtig zusammenzusetzen. Als Symbole verwendet man kleine bzw. doppelte Dreiecke. Ist ein kleines Dreieck angegeben, schneiden Sie ein kleines Dreieck in die Nahtzugabe, bei einem Doppeldreieck machen Sie einen kurzen, geraden Einschnitt, nicht zu nahe an die Nahtlinie.

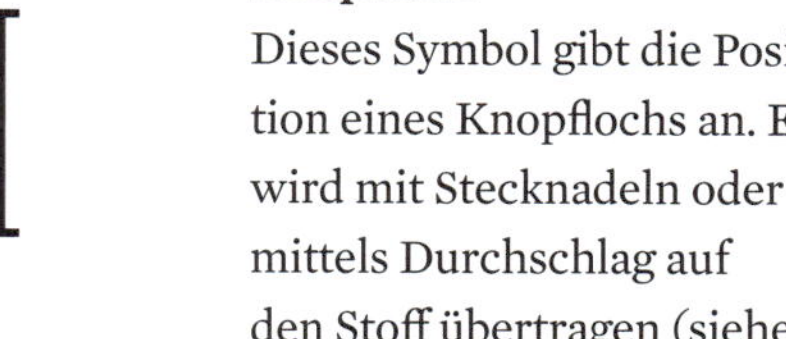

Knopfloch
Dieses Symbol gibt die Position eines Knopflochs an. Es wird mit Stecknadeln oder mittels Durchschlag auf den Stoff übertragen (siehe Seite 26). Sind die Knopflöcher fertig, legen Sie den Stoff auf die Knopfleiste und markieren die entsprechende Position der Knöpfe.

Einhalten
An welcher Stelle, z. B. an der Armkugel, Sie den Stoff einhalten müssen, zeigt die Einhaltelinie mit Pfeilspitzen und Sternchen an beiden Enden. Übertragen Sie die Linie mittels Durchschlag oder mit Stecknadeln (siehe Seite 26). Zum Einhalten nähen Sie zwischen den Sternchen zwei parallele Heftnähte auf der Nahtzugabe. Ziehen Sie dann die Unterfaden vorsichtig an, um den Stoff einzuhalten.

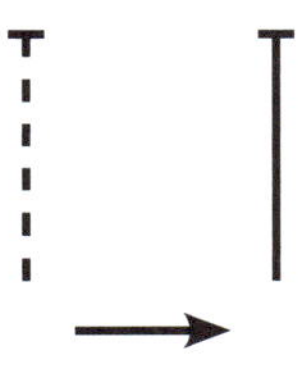

Falten
Faltenposition und -richtung werden durch zwei parallele Striche und einen Pfeil angezeigt. Übertragen Sie die Linie mittels Durchschlag oder mit Stecknadeln (siehe Seite 26).

Änderungslinien
Diese parallelen Linien geben an, wo Sie ein Schnittteil ggf. verlängern oder kürzen können. (Eine detaillierte Anleitung zum Verlängern und Verkürzen finden Sie auf S. 19.)

SCHNITT-KNOW-HOW
Alle Schnittvorlagen in diesem Buch enthalten eine Nahtzugabe von 1,5 cm und eine Saumzugabe von 2,5 cm.

Schnittgrößen und Schnittkorrekturen

Alle Schnittvorlagen in diesem Buch sind in sechs Größen verfügbar, die von 1 bis 6 durchnummeriert sind (sie entsprechen in etwa den Konfektionsgrößen 34 bis 46). Sobald Sie Ihre eigenen Maße erfasst haben, können Sie sehen, welche Größe Ihnen am ehesten entspricht. Standardmaße passen nur den wenigsten. Es kann sein, dass Sie am Oberkörper Größe 4 brauchen, an Taille und Hüfte aber Größe 6. Sie können alle Schnittvorlagen so anpassen, dass Sie Ihren eigenen Maßen perfekt entsprechen.

Eine Schnittvorlage korrigieren bedeutet, sie genau den eigenen Maßen anzupassen. Deshalb ist es wichtig, dass Sie Ihre Maße absolut präzise erfassen. Wenn Sie z. B. an der Taille Größe 2 brauchen und an der Hüfte Größe 4, müssen Sie die Schnittvorlagen für einen Rock korrigieren, damit er später auch gut sitzt.

So gehen Sie vor

1 Nehmen Sie die Schnittvorlagen für Größe 2 und zeichnen Sie auf dem vorderen und rückwärtigen Schnittteil Ihre Taillenweite und Hüftweite ein. Zeichnen Sie danach auch die tatsächliche obere Hüftweite auf beiden Teilen ein und berücksichtigen Sie ausreichend Bewegungszugabe.

2 Verbinden Sie nun die Endpunkte der Taillenlinie mit den neuen Endpunkten der Hüftlinie. Zeichnen Sie dazu eine durchgehende Linie von der Taille über die Hüfte bis zur Saumkante ein, die der Rockkontur entspricht. Fertig!

Bewegungszugabe

Unter Bewegungszugabe oder Bequemlichkeitszugabe versteht man die Mehrweite, die den Tabellenmaßen zugegeben wird, damit die Kleidungsstücke später bequem sind und gut sitzen. Ohne diese Mehrweite könnte man kaum gehen, die Arme nicht beugen und sich nicht hinsetzen! Je nach Art und Stil des Kleidungsstücks enthalten Schnittvorlagen unterschiedlich viel Bewegungszugabe. Wenn Sie eine Schnittvorlage korrigieren müssen, achten Sie also auf das richtige Maß. Entsprechende Angaben finden Sie am Anfang der jeweiligen Nähanleitung.

BEWEGUNGSZUGABEN

LEICHT TAILLIERT	
BRUSTWEITE	Zugabe 7–10 cm
TAILLENWEITE	Zugabe 5–7 cm
HÜFTWEITE	Zugabe 5–7 cm
LEGER	
BRUSTWEITE	Zugabe 10–15 cm
TAILLENWEITE	Zugabe 7–10 cm
HÜFTWEITE	Zugabe 7–10 cm
WEIT	
BRUSTWEITE	Zugabe 15–20 cm
TAILLENWEITE	Zugabe 10–13 cm
HÜFTWEITE	Zugabe 10–13 cm

Markierungen übertragen

Alle Markierungen auf den Schnittvorlagen müssen auf die Stoffteile übertragen werden, damit Sie die Teile korrekt zusammensetzen können.

Markierungen anbringen
Schneiden Sie an den entsprechenden Stellen kleine Dreiecke in die Nahtzugaben. Sie sollten nicht tiefer als 5 mm sein, damit sie nicht über die Nahtzugaben hinausragen.

Durchschlagen
Fixieren Sie die Schnittvorlage auf dem Stoff. Fädeln Sie einen Faden in Kontrastfarbe in eine Handnadel und nähen Sie bei einem Sternchensymbol drei bis vier große, lockere Stiche durch das Papier und alle Stofflagen. Entfernen Sie das Papier vorsichtig und ziehen Sie dann die beiden Stofflagen langsam auseinander. Schneiden Sie dabei die Fäden durch, sodass in beiden Lagen noch Fadenteile stecken.

Übertragen mit Stecknadeln
Stecken Sie bei einem Sternchensymbol eine Stecknadel direkt durch die Mitte und erfassen Sie sowohl das Papier als auch die Stofflagen. Entfernen Sie das Papier vorsichtig und markieren Sie nun auf beiden Stoffteilen auf der linken Stoffseite die Position des Stecknadelkopfs mit Schneiderkreide oder Markierstift.

Übertragen mit Kopierpapier
Diese Methode verwendet man für Abnäher- und Faltenlinien. Legen Sie zwei Stoffteile links auf links und schieben Sie zwei Bogen Kopierpapier so dazwischen, dass die jeweilige Kopierseite Kontakt zum Stoff hat. Legen Sie dann die Schnittvorlage auf den Stoff. Markieren Sie z. B. einen Abnäher mit Hilfe eines Lineals und eines Kopierrädchens. So übertragen Sie die Linien jeweils auf die linke Seite beider Stoffteile.

Schnittvorlagen abpausen

Wenn Sie Schnittvorlagen Ihren Bedürfnissen angepasst haben oder wenn Sie mit Originalvorlagen aus diesem Buch arbeiten, empfehlen wir Ihnen, die Schnittteile auf Papier zu übertragen und damit weiterzuarbeiten. Die Originale können Sie dann beliebig oft für weitere Varianten verwenden.

Sie können jedes Papier, das durchsichtig genug ist, über die Schnittvorlagen legen, z. B. Backpapier, Seidenpapier oder spezielles Papier aus dem Schneiderbedarf.

1 Legen Sie das Papier auf die Schnittvorlage und zeichnen Sie die Konturen sorgfältig mit einem spitzen Bleistift nach. Zeichnen Sie auch alle Markierungen ein.

2 Wenn Sie ein Schnittteil verändern möchten, z. B. den Ausschnitt oder die Ärmellänge, müssen Sie die entsprechenden Linien einzeichnen, bevor Sie das Teil ausschneiden.

3 Zeichnen Sie bei den neuen Schnittteilen auch jeweils eine Nahtzugabe von 1,5 cm ein (Nahtzugaben sind bereits enthalten). Übertragen Sie alle Markierungen auf die neuen Teile und schneiden Sie alle Teile dann aus.

4 Notieren Sie direkt auf den Schnittteilen alle Informationen zu Ihren Veränderungen samt Datum und zeichnen Sie das fertige Kleidungsstück in Skizzenform auf, damit Sie alle Teile später leicht identifizieren können.

5 Mit den neuen Vorlagen schneiden Sie nun Teile für ein Testmodell oder ihr Kleidungsstück aus.

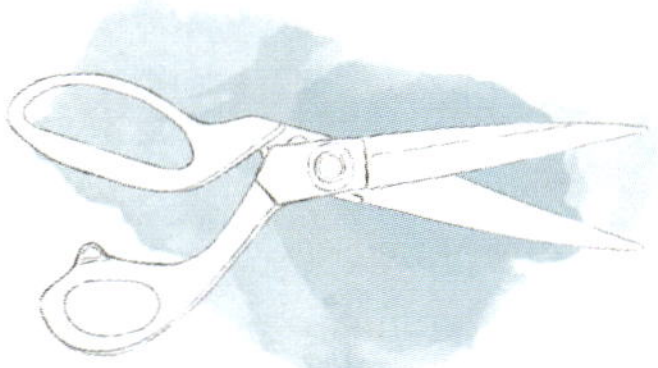

Stoffteile ausschneiden

Bevor Sie einen Stoff verarbeiten, müssen Sie ihn unbedingt waschen und bügeln, damit eventuelle Farbreste ausgewaschen werden und der Stoff ggf. etwas einlaufen kann. Für jede Stoffart gelten dabei andere Vorgaben. Am besten erkundigen Sie sich im Stoffladen, worauf Sie achten müssen.

1 Der Zuschneideplan zeigt Ihnen, wie Sie die einzelnen Schnittteile auf dem Stoff platzieren. Falten Sie dafür den Stoff wie angegeben.

2 Legen Sie alle Vorlageteile so auf den Stoff, wie im Zuschneideplan gezeigt, und achten Sie besonders auf Fadenlauf und Stoffbruch.

3 Stecken Sie alle Papierteile mit geeigneten Stecknadeln (siehe Seite 26) auf den Stoff. Verwenden Sie nur so viele Stecknadeln, dass die Papierteile glatt aufliegen. Für Stoffe, bei denen man die Nadeleinstiche sehen würde, z. B. Seide oder Leder, arbeiten Sie am besten mit Stoffgewichten – z. B. mit Reis gefüllten Säckchen.

4 Schneiden Sie die Teile möglichst nahe an den Konturlinien mit einer Stoffschere aus.

5 Übertragen Sie alle Markierungen, Einsetz- und Passzeichen auf den Stoff (siehe Seite 17).

6 Ziehen Sie die Stecknadeln heraus, nehmen Sie die Papierteile vorsichtig ab und legen Sie sie zur Seite. Jetzt können Sie mit dem Nähen beginnen.

EIN TESTMODELL NÄHEN

Ein Testmodell (Toile) entspricht dem fertigen Kleidungsstück, wird aber aus preisgünstigerem Stoff genäht. Der Stoff sollte vom Gewicht und vom Fall her dem Originalstoff möglichst nahekommen.

Die Investition in ein Testmodell lohnt sich immer, weil Sie so feststellen können, ob alle Maße stimmen, bevor Sie den Originalstoff zuschneiden. Auch wenn Sie bei den Schnittvorlagen noch so präzise gearbeitet haben, können Sie erst beim dreidimensionalen Modell sehen, wie das Kleidungsstück wirklich sitzt.

Am Testmodell erkennen Sie auch, an welchen Stellen Sie vielleicht noch kleinere oder größere Veränderungen vornehmen müssen. Wir empfehlen Ihnen, pro Kleidungsstück mindestens ein Testmodell zu nähen. In manchen Fällen sind sogar mehrere Testmodelle nötig, z. B. wenn Sie mit einer komplexen Schnittvorlage für eine Hose arbeiten.

Schnittvorlagen verlängern oder kürzen

Es kann gut sein, dass Ihre eigenen Maße länger oder kürzer sind als die Maße einer Schnittvorlage. Vielleicht ist Ihr Oberkörper kürzer oder Sie haben längere Beine. In solchen Fällen müssen sie die Vorlagen verlängern oder kürzen und sie so Ihrer individuellen Körpergröße proportionsgerecht anpassen.

Kürzen

1 Falten Sie die Papierteile entlang der eingezeichneten Änderungslinien um das erforderliche Maß ein.

2 Stecken Sie die Falten mit Stecknadeln fest oder fixieren Sie sie mit Klebeband.

3 Zeichnen Sie an den entsprechenden Stellen eine neue, durchgehende Konturlinie ein.

Verlängern

1 Legen Sie ein Stück Papier unter die Vorlage. Schneiden Sie die Vorlage entlang der Änderungslinien auf und öffnen Sie sie um das gewünschte Maß. Das Papier überbrückt die Lücke.

2 Stecken oder kleben Sie das Papier fest.

3 Zeichnen Sie an den entsprechenden Stellen eine neue, durchgehende Konturlinie ein.

SCHNITT-KNOW-HOW

Längenkorrekturen werden an Stellen vorgenommen, an denen die Konturlinie einigermaßen gleichmäßig verläuft. Die waagrechten, parallelen Striche zeigen Ihnen die besten Stellen für eine Korrektur.

Abnäher

Abnäher sind keilförmige Falten, mit denen ein Kleidungsstück körpernah geformt wird. Mit einfachen und durchgehenden Abnähern lässt sich ein Zuviel an Weite leicht reduzieren. Wir erklären Ihnen, wie Sie einfache Abnäher im Brustbereich nähen und durchgehende Taillenabnäher selbst einarbeiten können.

Einfache Abnäher
Mit einfachen Abnähern kann man Nahtlinien verkürzen und den Stoff besonders im Brustbereich dreidimensional formen. Gerade bei Frauen mit mehr Oberweite verhindern die Brustabnäher, dass ein Kleidungsstück von selbst nach oben rutscht. Bei einem Kleidungsstück mit Taillennaht eignen sich einfache Abnäher auch, um die Taillenweite zu reduzieren.

1 Falten Sie den Stoff so rechts auf rechts, dass die Abnäherlinien genau aufeinandertreffen. Ziehen Sie den Stoff im Bereich des Abnähers nach oben, damit Sie ihn leichter bearbeiten können. **(A)**

2 Fixieren Sie die Falte mit zwei Stecknadeln. Zeichnen Sie mit Lineal und Kreide eine gerade Linie von der Schnittkante bis zur Abnäherspitze. **(B)**

3 Nähen Sie den Abnäher von der Breitseite aus direkt auf der eingezeichneten Linie zu und nähen Sie über die Spitze hinaus. **(C)**

4 Schneiden Sie die Fadenenden so lange ab, dass Sie sie verknoten können. So sichern Sie das Nahtende und erhalten eine schöne Spitze.

5 Bügeln Sie die Nahtlinie glatt und den Abnäher hin zur Saumkante.

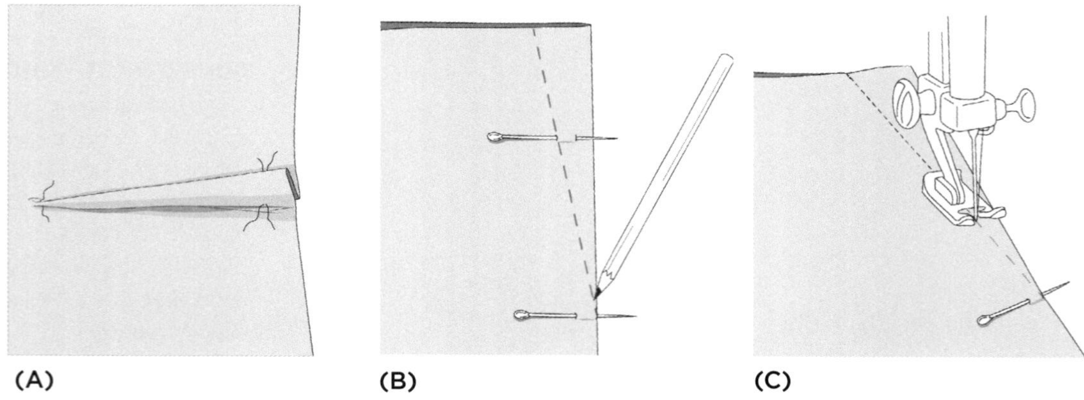

(A) **(B)** **(C)**

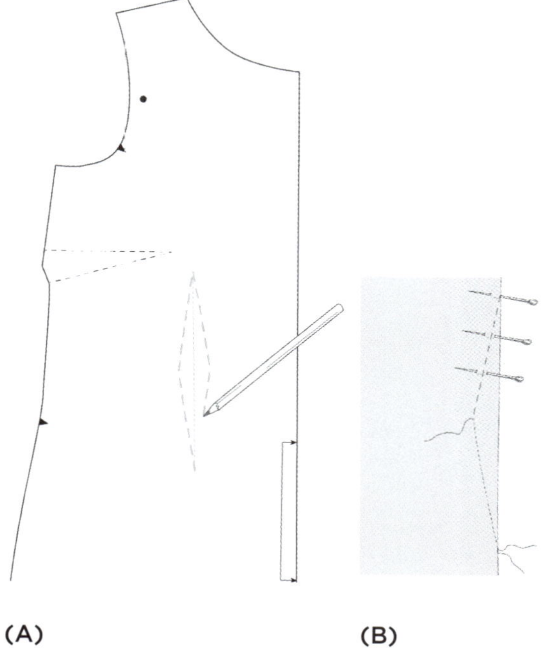

(A) (B)

Durchgehender Taillenabnäher
Mit einem durchgehenden Abnäher können Sie überflüssige Mehrweite an Vorder- und Rückenteil elegant reduzieren. Die Platzierung dieser durchgehenden Abnäher ist allerdings etwas kompliziert. Es lohnt sich, ein Testmodell zu nähen und eine Freundin um Hilfe zu bitten.

1 Ziehen Sie das Testmodell an. Formen Sie mit Daumen, Zeige- und Mittelfinger an den Stellen kleine Stehfalten, an denen Sie die Stoffweite reduzieren möchten. Stecken Sie die Falten jeweils an der breitesten Stelle ab.

2 Sie werden erkennen, dass die Falten nach oben und unten automatisch schmaler werden. Markieren Sie das obere und untere Ende jeder Falte mit einer Stecknadel.

3 Ziehen Sie das Testmodell wieder aus, aber lassen Sie alle Stecknadeln im Stoff. Legen Sie den Stoff so hin, dass der Abnäher flach aufliegt.

4 Messen Sie vom Armausschnitt aus entlang der Seitennaht bis zu dem Punkt, an dem die breiteste Stelle des Abnähers liegt. Messen Sie den zweiten Abnäher entsprechend aus. Wenn sich die Maße unterscheiden, berechnen Sie den Durchschnitt und arbeiten damit an beiden Abnähern weiter.

5 Legen Sie mit dieser Methode auch die beiden oberen und unteren Punkte der Abnäher fest.

6 Messen Sie nun die breiteste Stelle an beiden Abnähern aus. Bei unterschiedlichen Maßen nehmen Sie den Durchschnitt. Für die gesamte Abnäherbreite verdoppeln Sie dieses Maß.

7 Prüfen Sie auch, ob alle Endpunkte der Abnäher gleich weit von der vorderen Mitte des Kleidungsstücks entfernt sind.

8 Wenn alle Positionen festgelegt und die Maße auf die linke Seite des Testmodells übertragen sind, entfernen Sie alle Stecknadeln und wenden das Testmodell auf links.

9 Übertragen Sie alle notwendigen Markierungen auf die linke Stoffseite, wenden Sie den Stoff auf rechts und spiegeln Sie die eingezeichneten Markierungen. Prüfen Sie am Ende alle Maße, damit die Lage der Abnäher stimmt.

10 Verbinden Sie nun mit Stift und Lineal die jeweils die breiteste Stelle des Abnähers mit dem oberen bzw. unteren Endpunkt. Es entstehen zwei lang gezogene Rauten. **(A)**

11 Falten Sie nun den Stoff so rechts auf rechts, dass die Abnäherlinien genau aufeinandertreffen. Stecken Sie den Stoff fest und nähen Sie den Abnäher von der Mitte aus nach unten zu; nähen Sie dabei über die Spitze hinaus. Nähen Sie jetzt den zweiten Teil des Abnähers von der Mitte aus nach oben zu und nähen Sie auch hier über die Spitze hinaus. Lassen Sie die Nähte an der Mitte leicht überlappen und sichern Sie den Nahtanfang. Der so entstandene durchgehende Abnäher passt sich nun Ihrer Körperform perfekt an.

12 Wenn Sie mit der Lage der Abnäher im Testmodell zufrieden sind, übertragen Sie alle Markierungen auf die Schnittvorlagen. Zeichnen Sie die beiden Endpunkte jedes Abnähers und die breiteste Stelle ein und verbinden Sie alle Punkte jeweils zu einer lang gezogenen Raute.

Anpassungen am Oberteil

Schnittvorlagen von Oberteilen sind auf Körbchengröße B ausgelegt. Wenn Sie etwas mehr Oberweite haben, haben Sie sicher schon oft festgestellt, dass manche Kleidungsstücke nicht nur im Brustbereich zu eng sind, sondern auch zu wenig Vorderlänge haben und nach oben rutschen. Hier hilft eine Anpassung der Schnittvorlage am Oberteil, denn Sie können Weite und Länge zugeben und gleichzeitig die Passform an der Taille und den Schultern beibehalten.

Nehmen Sie für diese Anpassungen die Oberbrustweite (siehe Seite 13) als Grundlage, nicht die eigentliche Brustweite, denn sonst wird das Kleidungsstück eventuell im Rücken, an den Schultern und den Armausschnitten zu weit.

1 Zuerst müssen Sie herausfinden, welche Anpassung wirklich nötig ist. Ziehen Sie das Maß Ihrer Oberbrustweite von der Brustweite ab und teilen Sie das Ergebnis durch 2. Beispiel: 98 cm (Brustweite)–92 cm (Oberbrustweite) = 6 cm; 6 cm : 2 = 3 cm. Teilen Sie dieses Ergebnis erneut durch 2, weil die Weite ja bei beiden Vorderteilen gleichmäßig angepasst werden soll.

2 Übertragen Sie von der Originalvorlage die Konturen des Vorderteils bis hinab zur Taillenlinie auf einen neuen Bogen Papier. Übertragen Sie auch die Markierungen für die Abnäher und schneiden Sie das Teil dann aus.

3 Halten Sie die neue Papiervorlage an den Körper und zeichnen Sie den Brustpunkt ein. Markieren Sie diesen Punkt mit einem X. Verschieben Sie nun den Punkt um 2,5 cm in Richtung Seitennaht, um Spitzen zu vermeiden.

4 Legen Sie die Vorlage flach hin und messen Sie vom Brustpunkt 2,5 cm entlang der Mittellinie des ursprünglichen Abnähers. Markieren Sie diesen Punkt als die neue Abnäherspitze. Zeichnen Sie eine Linie entlang der Mittellinie des ursprünglichen Abnähers von der Seitennaht bis zur neuen Abnäherspitze ein und schneiden Sie entlang dieser Linie auf.

5 Zeichnen Sie parallel zur vorderen Mitte eine senkrechte Linie vom X bis zur Taillenlinie ein.

6 Zeichnen Sie eine weitere Linie ein, die vom X bis zum ersten Passzeichen im Armausschnitt verläuft (etwa ein Drittel der Strecke zwischen Unterarmpunkt und Schulterpunkt). **(A)**

7 Schneiden Sie das Papier entlang der Linie auf, erst von der Taillenlinie aus bis zum X und dann bis etwa 1–2 mm vor dem Passzeichen im Armausschnitt. Die Papiervorlage lässt sich jetzt leicht um diesen Scharnierpunkt drehen.

8 Zeichnen Sie eine dritte Linie ein, die im Abstand von 5 cm parallel zur Taillenlinie verläuft.

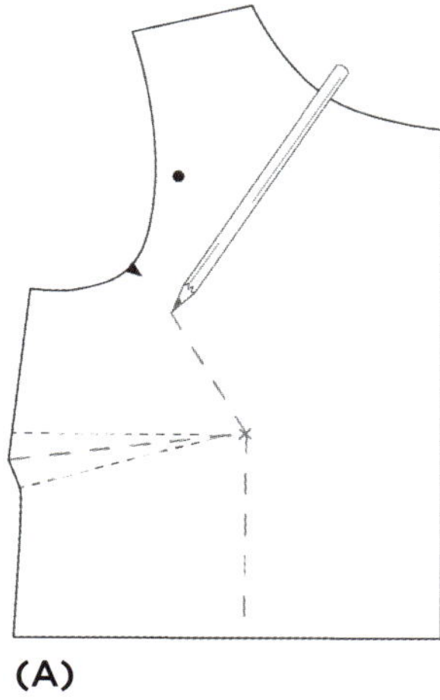
(A)

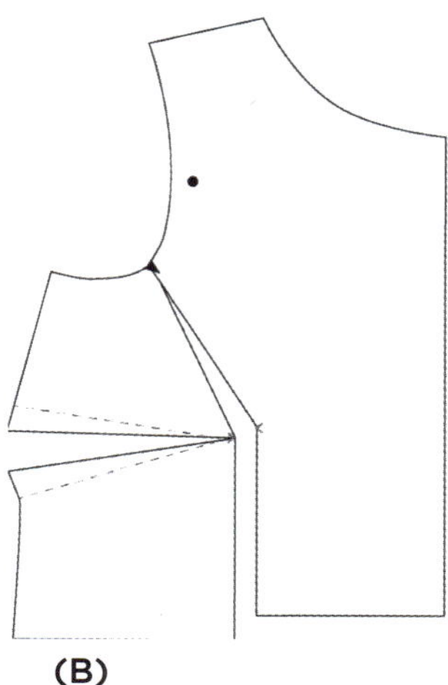
(B)

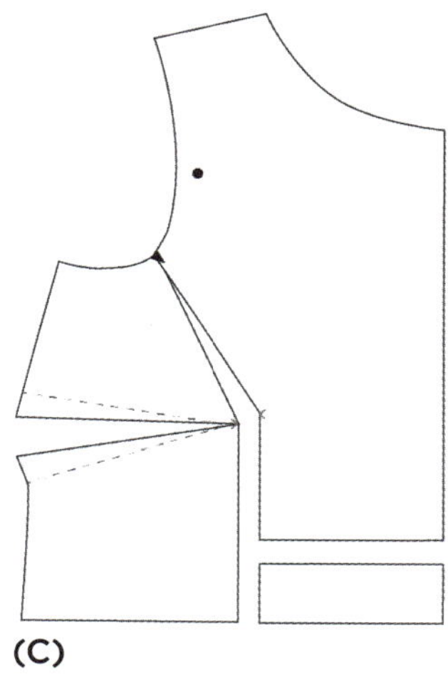
(C)

9 Legen Sie die Papiervorlage auf einen neuen Bogen Papier und fixieren Sie sie entlang der vorderen Mitte, am Halsausschnitt und an der Schulterlinie mit Klebestreifen.

10 Öffnen Sie die Vorlage entlang der Linie von der Taille bis zum Armausschnitt um etwa 1–2 cm **(B)** und fixieren Sie die Teile.

11 Öffnen Sie das Papier auch entlang des eingeschnittenen Abnähers – hier z. B. 1,25 cm – und fixieren Sie die einzelnen Teile.

12 Die Taillenlinie ist nun auf der Seite des Abnähers nach unten gerutscht. Schneiden Sie deshalb von der vorderen Mitte her das Papierteil entlang der Linie durch, die parallel zur Taillenlinie verläuft. Ziehen Sie das abgeschnittene Teil waagrecht bis zur neuen Taillenlinie nach unten **(C)** und fixieren Sie alle Teile.

13 Zeichnen Sie alle Konturlinien und den angepassten Abnäher neu ein.

14 Wenn die Anpassungen komplett sind, nähen Sie anhand der neuen Vorlage ein Testmodell und prüfen den Sitz.

Zusammensetzen der Teile

Die neue Vorlage für das Oberteil muss nun mit dem Unterteil zusammengesetzt werden. Legen Sie Ober- und Unterteil an der vorderen Mitte zusammen. Da das neue Oberteil seitlich übersteht, zeichnen Sie einfach eine neue, leicht gerundete Konturlinie von der ursprünglichen unteren Abnäherlinie bis zur Hüftlinie ein.

Brustweite reduzieren

Wenn sich Ihre Brustweite um weniger als 5 cm von der Oberbrustweite unterscheidet, müssen Sie die Brustweite etwas reduzieren.

1 Zuerst müssen Sie herausfinden, welche Anpassung wirklich nötig ist. Halten Sie die Schnittvorlage für das Vorderteil an den Körper und stellen Sie fest, um wie viel die vordere Mitte der Vorlage über die tatsächliche vordere Mitte im Brustbereich hinausragt. Um dieses Maß müssen Sie die Brustweite reduzieren.

2 Arbeiten Sie die zuvor beschriebenen Schritte 2 bis 13 ab, nur dass Sie dieses Mal die Papierteile an der Seitennaht und der Taillenlinie überlappen lassen. Nähen Sie auch hier ein Testmodell und prüfen Sie den Sitz des Kleidungsstücks.

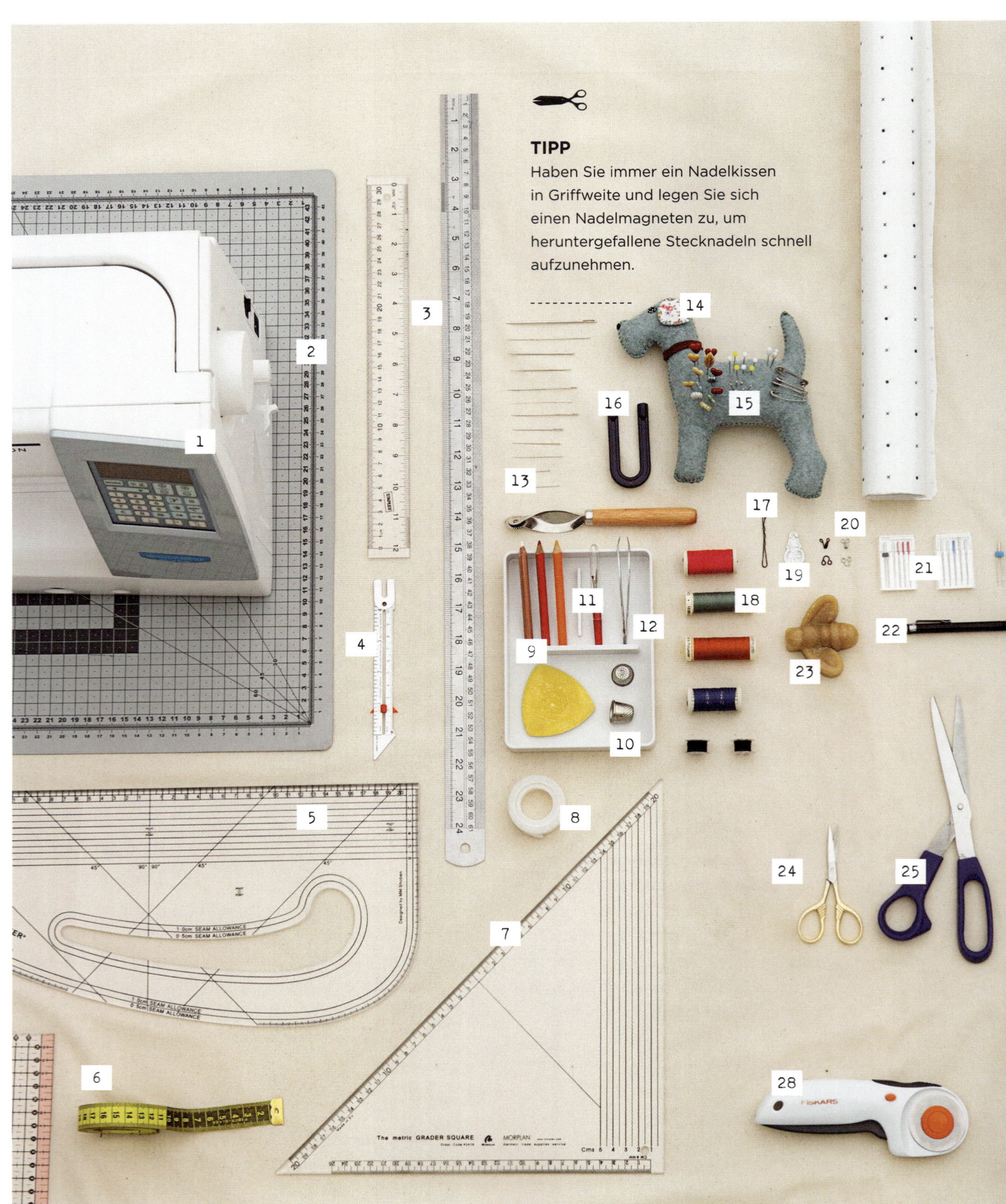

TIPP

Haben Sie immer ein Nadelkissen in Griffweite und legen Sie sich einen Nadelmagneten zu, um heruntergefallene Stecknadeln schnell aufzunehmen.

Grundausstattung

Ohne eine gute Grundausstattung sollten Sie gar nicht erst anfangen. Sie wird sich im Lauf der Zeit deutlich erweitern. Hier sind einige Werkzeuge und Hilfsmittel, die absolut nützlich sind.

1 Gut gewartete Nähmaschine **2** Schneidematte **3** Lineale, ein durchsichtiges aus Kunststoff und eines aus Metall **4** Handmaß, auch die selbst gebastelte Variante **5** Kurvenlineal, eher für Fortgeschrittene **6** Maßband **7** Winkellineal **8** Klebeband **9** Stoffmarker, z. B. Schneiderkreide als Block oder Stift, Trickmarker, Kohlepapier und Kopierrädchen **10** Fingerhut **11** Nahttrenner **12** Pinzette **13** Handnähnadeln **14** Nadelkissen, gekauft oder selbst gemacht; ein Nadelkissen mit Armspange ist sehr praktisch **15** Stecknadeln **16** Magnet zum Auflesen von Nadeln **17** Haarklammern zum Annähen von Knöpfen **18** Unterschiedliches Nähgarn **19** Einfädler **20** Haken und Ösen **21** Maschinennadeln, auch Zwillingsnadeln **22** Bleistift **23** Bienenwachs zum Glätten von Garnen **24** Kleine Fadenschere **25** Papierschere **26** Zackenschere **27** Hochwertige, scharfe Schneiderschere **28** Rollschneider **29** Stoffgewichte **30** Auswahl an Knöpfen **31** Eckenformer **32** Bügelkissen zum Ausbügeln von Rundungen **33** Bügeleisen **34** Bügel- und Ärmelbrett **35** Wendenadel

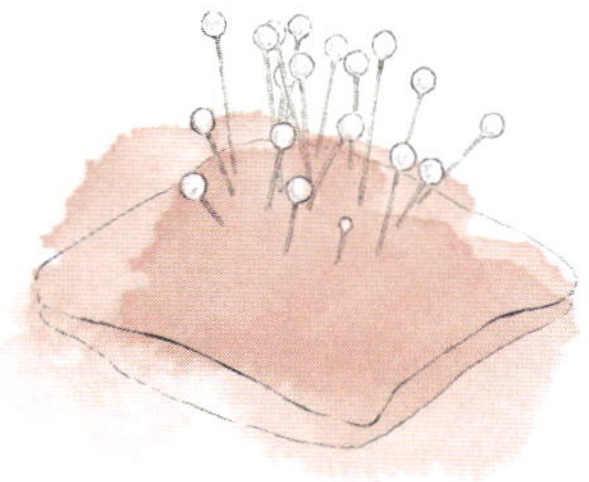

STECK- UND NÄHNADELN

Nadeln sind zwar die kleinsten Teile der Grundausstattung, doch sie spielen eine entscheidende Rolle. Sie halten Stoffteile zusammen, sichern Abnäher und Nähte, sind nützlich beim Einsetzen von Ärmeln und helfen bei den letzten kleinen Änderungen, um die optimale Passform zu erzielen.

STECKNADELN

Stecknadeln für den Schneiderbedarf gibt es in den verschiedensten Stärken und Längen und mit ganz unterschiedlichen Spitzen. Am besten kaufen Sie eine kleine Auswahl, dann sind Sie bestens gerüstet. Eine Stecknadel sollte ohne großen Druck in den jeweiligen Stoff gleiten.

Einfache Stecknadeln: Mittellange Stecknadeln aus rostfreiem Stahl; es gibt sie für mittelschwere bis schwere Stoffe und mit einer extrafeinen Spitze für leichte Stoffe.
Seidenstecknadeln: Diese besonders feinen, kürzeren Stecknadeln eignen sich für Seide und andere sehr leichte Stoffe.
Stecknadeln mit Plastikkopf: Sie gibt es in allen möglichen Formen, Größen und Farben. Vorsicht beim Bügeln, denn die Köpfe schmelzen bei zu großer Hitze.
Insektennadeln: Diese langen, feinen Nadeln wurden ursprünglich zum Aufspießen von Insekten benutzt, doch sie eignen sich auch hervorragend für feine Seide und besonders alte Stoffe.
Stecknadeln mit Glaskopf: Diese Stecknadeln sind mit ihren kleinen, runden Köpfen leicht zu handhaben. Außerdem sind sie hitzeresistent.
Stecknadeln für Applikationen: Diese kleinen, bunten Nadeln lassen sich schnell und präzise platzieren.
Stecknadeln mit abgerundeter Spitze: Solche Stecknadeln verwendet man für Strickstoffe, denn sie gleiten zwischen den Fäden hindurch und zerreißen sie nicht.

Stecknadeln mit einem kleinen Metallkopf sind für alle Stoffteile geeignet, die oft gebügelt werden müssen, weil sie auch bei größerer Hitze nicht schmelzen. Auch beim Markieren von Einsetz- und Passzeichen sind sie nützlich.

Stecknadeln mit breiten Plastikköpfen sind praktisch, weil sie flach aufliegen und man mit dem Maßband gut darüber hinwegmessen kann. Außerdem sieht man sie auf dem Stoff sehr leicht.

HANDNÄHNADELN

Legen Sie sich hochwertige Handnähnadeln in verschiedenen Längen und Stärken zu.

Allroundnadeln: Geeignet für alle möglichen Handnähte und für fast alle Stoffe.

Allroundnadeln mit großem Nadelöhr: Für alle, die beim Einfädeln Probleme haben.
Quiltnadeln: Kurze Nadeln mit feinem Nadelöhr, perfekt für schnelle, präzise Stiche.
Stopfnadeln: Lange Nadeln mit großem Nadelöhr und scharfer Spitze, ideal zum Stopfen.
Ledernadeln: Nadeln mit keilförmiger Spitze, geeignet für Leder und schwere Stoffe.
Bogennadeln: Gerundete Nadeln, mit denen man gut an sonst schwer erreichbaren Stellen nähen kann.

MASCHINENNADELN

Haben Sie immer hochwertige Maschinennadeln parat. Es gibt verschiedene Ausführungen und Stärken für die unterschiedlichsten Stoffe. Für Webstoffe verwendet man Standardnadeln, für Strickstoffe Jerseynadeln.
Universalnadeln: Diese Nadeln haben eine leicht gerundete Spitze; sie eignen sich für Strickstoffe, sind aber auch für Webstoffe spitz genug.
Jerseynadeln: Nadeln mit Rundspitze; geeignet für Strickstoffe, weil die Spitze das Garn nicht beschädigt.
Zwillingsnadeln: Zwei Nadeln an einem Schaft ergeben zwei parallele Nähte; geeignet für Ziernähte und Biesen.
Zwillings-Jerseynadeln: Zwillingsnadeln mit Rundspitze für Strick- und Pulloverstoffe.
Zwillings-Stretchnadeln: Ähnlich den Jerseynadeln, aber mit einer weniger ausgeprägten Rundspitze; geeignet für sehr dehnbare Stoffe, z. B. Lycra®.
Ledernadeln: Nadeln mit scharfer Keilspitze für Leder, Lederimitate und beschichtete Stoffe.
Jeansnadeln: Robuste, feste Nadeln, mit denen man auch mehrere Lagen dicke Denimstoffe gut nähen kann.
Maschinensticknadeln: Nadeln mit Fadenrinne über dem Nadelöhr, durch die das Stickgarn problemlos laufen kann.

Nadelgrößen
Maschinennadeln für den europäischen Markt haben die Größennummern 70 bis 120, Nadeln für den amerikanischen Markt werden von 10 bis 19 nummeriert. Die höheren Zahlen stehen für dickere Nadeln, die niedrigeren für dünnere.
10/70: Für leichte Stoffe wie Seide, Taft und Chiffon
12/80: Für mittelschwere Stoffe wie Jersey, Leinen und Baumwolle
14/90: Für mittelschwere bis schwere Stoffe
16/100: Für schwere Stoffe wie Denim, schweres Leinen und Tweed
18/110: Für Möbelstoffe
19/120: Für schwere Möbel- und Denimstoffe

Wechseln Sie Ihre Nähnadeln nach einiger Zeit aus, weil eine stumpfe oder verbogene Nadel den Stoff beschädigen und zu Nahtfehlern führen kann.

STOFFE

Wenn Sie selbst nähen, haben Sie die Freiheit, jedes Kleidungsstück Ihrem eigenen Stil anzupassen. Eine einzige falsche Entscheidung kann aber schon bedeuten, dass Sie ganz von vorn beginnen müssen. Überlegen Sie vor dem Stoffkauf, welche Stoffart, welche Farbe, welches Muster Sie gerne hätten.

Die Auswahl an Stoffen ist heutzutage riesig. Größtenteils handelt es sich entweder um Web- oder um Strickstoffe. Strickstoffe sind dehnbarer als Webstoffe.

Stoffe können aus pflanzlichen Fasern (Baumwolle, Leinen), Tierfasern (Seide, Wolle) oder synthetischen Fasern (Polyester, Nylon) hergestellt werden.

Stoffe für den Schneiderbedarf werden üblicherweise in zwei Breiten angeboten: 140 cm und 115 cm. Die Schnittvorlagen in diesem Buch bieten Zuschneidepläne für beide Breiten. Auch die ungefähren Stoffmengen sind angegeben, damit Sie einen Anhaltspunkt für den Stoffkauf haben. Kaufen Sie lieber etwas mehr, um auf der sicheren Seite zu sein. Ein bisschen zu viel ist allemal besser als ein bisschen zu wenig.

Gehen Sie in einen Stoffladen und rollen Sie den Ballen etwas auf, damit Sie den Griff des Stoffes fühlen und abschätzen können, wie er fällt. Gefällt Ihnen die Textur? Und die Farbe? Denken Sie an das Kleidungsstück, das Sie nähen möchten. Zu welchen Gelegenheiten wollen Sie es tragen und wie soll es sich anfühlen? Ein Shiftkleid aus leichtem Baumwollprint wirkt ganz anders als ein Shiftkleid aus schwerem Wolltweed.

Die Pflegeanweisungen sind für jeden Stoff verschieden. Prüfen Sie das Stofflabel und fragen Sie im Zweifel im Stoffladen nach.

Vor dem Verarbeiten müssen Sie den Stoff noch waschen, trocknen und bügeln, wie Sie es mit einem neuen Kleidungsstück auch machen würden. Dabei wird eventuell Restfarbe entfernt und der Stoff kann etwas einlaufen. Das fertige Kleidungsstück behält dann zuverlässig seine Form.

Sollten Sie Ihre fertige Wollhose oder den Seidenrock üblicherweise in die Reinigung geben, müssen Sie auch Ihren Stoff vor dem Verarbeiten reinigen lassen. Wenn Sie die Teile selbst mit der Hand waschen, müssen Sie auch den Stoff mit der Hand waschen und dann flach zum Trocknen hinlegen.

Lederimitate und reine Polyesterstoffe müssen Sie vorab nicht behandeln. Fragen Sie aber beim Kauf unbedingt nach, wie diese Stoffe zu pflegen sind.

Garne

Eine gute Grundauswahl an Nähgarnen ist sicher nützlich, aber Sie brauchen für jedes Kleidungsstück Garne, die farblich genau passen.

Garne sind wichtig, weil sie das Kleidungsstück zusammenhalten, also wählen Sie sie sorgfältig aus. Inzwischen gibt es Nähgarne in allen nur erdenklichen Farben und Stärken. Faustregel: Die Garnstärke sollte zum Stoffgewicht passen. Ein dicker Faden in einem feinen Stoff sieht einfach nicht gut aus.

Polyestergarn ist ein Allzweckgarn, das für die meisten Stoffe geeignet ist. Es ist etwas dehnbar, reißt also nicht so leicht. Wir verwenden für alle Kleidungsstücke in diesem Buch handelsübliche Polyestergarne.

Baumwollgarne reißen leichter, weil sie nicht dehnbar sind, aber sie eignen sich hervorragend zum Heften. Wir verwenden Sie auch für leichte Baumwollstoffe und feine Webstoffe, weil auch diese Stoffe nicht dehnbar sind.

Seidengarn ist besonders fein, dabei dehnbar und fest zugleich. Es hinterlässt keine Löcher im Stoff und eignet sich deshalb gut für feine Stoffe und Wollstoffe.

Knopflochgarn ist besonders reißfest. Verwenden Sie es für handgenähte Knopflöcher und zum Annähen von Knöpfen.

Knöpfe

Knöpfe in verschiedenen Farben, Formen und Größen sollten Sie immer zu Hause haben. Für besondere Kleidungsstücke sollten Sie sich auch besondere Knöpfe zulegen.

STOFFÜBERSICHT

Acryl: Leichter synthetischer, wollartiger Stoff, der ganzjährig tragbar ist. Eignet sich für Aktiv- und Sportkleidung.

Batist: Sehr feiner, fast durchsichtiger Baumwollstoff. Geeignet für leichte Kleider, Blusen, Röcke und Hosen, z. B. für die Bluse auf Seite 144, das Kleid auf Seite 110, die Hose auf Seite 133 und die Culotte auf Seite 142.

Baumwolle: Vielseitig einsetzbarer Stoff, daher besonders für Anfänger interessant. Baumwolle gibt es als Web- und Strickstoff unterschiedlichster Art. Die wichtigsten sind hier aufgelistet. Es gibt Baumwollstoffe in ganz feiner (Batist) bis schwerer (Denim) Qualität. Geeignet für Damenkleidung und Nachtwäsche (leichte Stoffe), ebenso für alle Kleidungsstücke, die stark strapaziert werden (schwere Stoffe). Das Shiftkleid auf Seite 100 ist aus Baumwollchambray, die Bluse auf Seite 157 aus Baumwollbatist mit Knötchen.

Chalinet: Weicher, leichter Stoff aus Baumwolle, Polyester oder einer Seide/Wolle-Mischung mit leicht rauer Oberfläche und schönem Fall. Geeignet für Kleider, z. B. für das Kleid auf Seite 110, ebenso die Bluse auf Seite 144 und den Maxirock auf Seite 96.

Chambray: Einfacher blau-weißer Webstoff aus Baumwolle, leichte bis schwere Qualitäten, ähnelt vom Aussehen her Denim. Geeignet für legere Kleider, Oberteile und Hosen, z. B. für das Shiftkleid auf Seite 100, beide Röcke auf Seite 80, die Hose auf Seite 133, die Culotte auf Seite 142 und den Rock auf Seite 98.

Chiffon: Sehr feiner, durchsichtiger Webstoff, der besonders weich fließt und luxuriös wirkt. Seidenchiffon ist sehr luftdurchlässig, Polyesterchiffon ist robuster. Geeignet für leichte Röcke und Blusen, z. B. die beiden Blusen auf Seite 144 und 157.

Cord: Mittelschwerer Baumwollstoff mit Flor in parallelen Reihen. Fühlt sich an wie Samt, ist aber robuster. Geeignet für Jacken, Hemden und Hosen, z. B. die Hose auf Seite 122.

Crêpe: Leichter, feiner Stoff aus gekräuseltem Garn, oft aus Baumwolle oder Seide, kann aber auch aus anderen Fasern gemacht sein. Fällt gut und ist leicht zu verarbeiten. Geeignet für leichte Kleider, Blusen, Röcke, Hosen, z. B. für das Shiftkleid auf Seite 100, das Alternativmodell auf Seite 110, den Rock auf Seite 92, die weite Hose auf Seite 133 und die Culotte auf Seite 142.

Denim: Robuster, schwerer Baumwollstoff, Synonym für Jeans. Geeignet für Hosen und Jacken, z. B. für das Shiftkleid auf Seite 100, die gerade Hose auf Seite 122 und den Rock auf Seite 80.

Drell: Schwere, vielseitige Baumwollqualität in Köperbindung, besonders fest und robust. Geeignet für Uniformen und Arbeitskleidung, z. B. für die Hose auf Seite 122.

Jacquard: Dichter, mittelschwerer bis schwerer Stoff mit komplexem Webmuster. Er kann aus Baumwolle, Seide oder synthetischen Fasern hergestellt sein. Geeignet für Röcke, Jacken und Hosen, z. B. für den Rock auf Seite 98, für eine sehr formelle Variante des Shiftkleids auf Seite 100 und die enge Hose auf Seite 140.

Jersey: Leichter, weicher, warmer Webstoff in unterschiedlichen Gewichten. Gemacht aus Baumwolle, Wolle, Seide oder Synthesefasern. Geeignet für T-Shirts, Kleider und allgemein für legere Kleidungsstücke. Das ärmellose Oberteil auf Seite 66 ist aus doppelflächigem Jersey, das Alternativmodell auf Seite 74 aus leichtem Baumwolljersey.

Käseleinen: Einfarbiger, leichter, lockerer Webstoff aus Baumwolle, der aussieht wie Mull. Geeignet für leichte Kleider, Blusen, Röcke und Hosen, z. B. für die Bluse auf Seite 157.

Kattun: Einfacher Webstoff aus Baumwolle in unterschiedlichen Gewichten. Eignet sich zum Nähen des Testmodells.

Kett-Satin: Satin aus Baumwolle, bei dem auf der Oberfläche nur die Kettfäden sichtbar sind; weiches, mittelschweres und stark glänzendes Gewebe, traditionell aus Seide, kann aber auch aus Baumwolle und anderen Fasern gemacht sein. Sehr schöner Fall. Geeignet für elegante Hochzeits- und Partykleider, z. B. für das Kleid auf Seite 110 und die Schleifenbluse auf Seite 164, wenn etwas Glamour wie in den 1980er-Jahren gewünscht wird.

Leder: Kein Stoff im eigentlichen Sinne, sondern ein Naturmaterial, das durch Gerben von Tierhäuten hergestellt wird. Geeignet für Mäntel, Kleider, Röcke und Hosen, z. B. für das Shiftkleid auf Seite 100 und den Rock auf Seite 80.

Lederimitat: Fühlt sich an und sieht aus wie echtes Leder. Kann aus Kunststoff oder anderen weichen Stoffen sein, die beschichtet und bedruckt werden. Eine günstige und leichter zu verarbeitende Alternative zu echtem Leder. Geeignet für Mäntel, Kleider und Röcke, z. B. für das Shiftkleid auf Seite 100. Der Rock auf Seite 80 ist aus schokoladenbraunem Lederimitat genäht.

Leinen: Besteht aus Flaxfasern und ist zweimal so fest wie Baumwolle. Leinen ist nicht elastisch und wird deshalb schnell faltig; außerdem wird es durch Waschen weicher. Geeignet für Sommerkleidung und Nähanfänger. Die Bluse auf Seite 157 und die Hose auf Seite 133 würden aus Leinen gut aussehen.

Lycra®: Synthetische Faser, Markenname für Spandex. Feste, robuste, elastische Faser, die vielen Stoffen beigemischt wird, um sie elastisch zu machen. Geeignet für enge Kleidung, z. B. Leggings und Leotards.

Lyocell: Weicher, leichter, atmungsfähiger Stoff aus Zellstoff, faltenresistent und mit einem schönen Fall. Geeignet für Kleider und Röcke, z. B.

für das Shiftkleid auf Seite 110 und den Rock auf Seite 92.

Moleskin: Weicher, robuster, mittelschwerer Stoff, gute Alternative zu Wolle und Leinen, erhältlich in vielen leuchtenden Farben. Geeignet für Winterhosen und -jacken; auch z. B. für den engen Rock auf Seite 99 und die Hose auf Seite 122.

Musselin: Leichter, locker gewebter Baumwollstoff, fällt gut, nimmt Farbe gut auf. Geeignet für leichte Kleider, Blusen, Röcke und Hosen, z. B. für die Bluse auf Seite 157 und den Maxirock auf Seite 96.

Nylon: Besonders nützlicher und vielseitiger Synthetikstoff aus einer festen, dehnbaren Faser. Da der Stoff sehr schnell trocknet, eignet er sich besonders für Outdoorbekleidung, Jacken und Taschen.

Organza: Seiden- oder Synthetikstoff aus stark verdrehtem Garn, etwas steif, fast durchsichtig. Geeignet für formelle Kleidung und Einzelstücke, z. B. für Brautkleider.

Polyester: Sehr robuster, faltenbeständiger Stoff aus Synthesefasern. Geeignet für legere Kleider, Blusen und Röcke. Polyesterpopeline würde zum Shiftkleid auf Seite 100, der Bluse auf Seite 157 und der Hose auf Seite 133 gut passen. Die Bluse auf Seite 144 ist aus Polyester-Crêpe de Chine.

Popeline: Einfarbiger Webstoff aus Baumwolle, vielseitig und robust, in leichter und mittelschwerer Qualität. Geeignet für Röcke, Kleider und Blusen, z. B. für das Shiftkleid auf Seite 110, den Rock auf Seite 92 und die beiden Blusen auf Seite 144 und Seite 157.

Samt: Eleganter, mittelschwerer Stoff mit Flor und weichem Griff. Kann aus Seide, Baumwolle oder synthetischen Fasern sein und fällt sehr schön. Geeignet für Abendkleidung, z. B. für die Hose auf Seite 122 und das Shiftkleid auf Seite 100 für besondere Gelegenheiten.

Schuss-Satin: Bei dem Satin aus Baumwolle sind auf der Oberfläche nur die Schussfäden sichtbar; mittleres Stoffgewicht, glänzend. Geeignet für Partykleidung.

Spitze: Feiner Stoff in besonderen Formen, wird als Auflage oder Dekolage verwendet. Es gibt maschinen- und handgefertigte Spitze aus Seide, Gold- oder Silbergarn oder auch aus Baumwollgarn. Geeignet für besonders feine Kleidung oder als Verzierung.

Tüll: Feiner Netzstoff aus Nylon, Polyester, Seide oder Baumwolle. Geeignet als dekoratives Element an vielen Kleidungsstücken.

Twill: Schwerer Stoff aus Baumwolle oder Leinen in Köperbindung, robust, faltenstabil und wasserabweisend. Geeignet für Winterkleidung, z. B. für die Hose auf Seite 122 und das Shiftkleid auf Seite 100.

Wolle: Naturfaser, z. B. aus Alpaka, Angora, Kaschmir, Mohair und Lammwolle. Daraus entsteht ein weicher, vielseitiger Stoff, der im Winter wärmt und im Sommer kühlt. Geeignet für Mäntel, Kleider, Röcke und Hosen. Die Hose auf Seite 133 ist aus einer Wolle-Kaschmir-Mischung.

NÄHTECHNIKEN

In diesem Kapitel beschäftigen wir uns mit den Optionen für das Zusammennähen der einzelnen Stoffteile und mit dem letzten Schliff. Sie lernen die gängigsten Nähte und Nahtversäuberungen kennen und erhalten einen Überblick über Verschlüsse und Taschenarten.

Stiche

Stiche sind bei der Konstruktion von Kleidungsstücken unentbehrlich. Wichtig ist, dass Sie den jeweils richtigen Stich wählen. Manche Stiche sind am Ende sichtbar, andere nicht. Wir haben die wichtigsten Sticharten aufgelistet und erklären, wie sie funktionieren.

HANDSTICHE

Auch wenn wir alle lieber mit der Nähmaschine arbeiten, kann ein Kleidungsstück auch mit der Hand zusammengenäht werden. Wenn Sie Handstiche nähen, haben Sie den Stoff direkt unter Kontrolle und können einen sehr professionellen Effekt erzielen. Legen Sie sich hochwertige Nadeln und Garne zu, dann gelingen Handstiche fast wie von selbst.

Fünf praktische Handstiche

Vorstich: *Kleine, gleich lange Stiche.*
Stechen Sie mit der Nadel in gleichmäßigen Abständen durch den Stoff, sodass die Stiche gleich lang sind.
Variante: Heftstich: *Arbeiten Sie die Vorstiche etwas länger, dann lässt sich der Heftfaden am Ende leichter wieder aus dem Stoff ziehen.*

Rückstich: *Mit diesem vielseitigen Stich können Sie Stoffteile zusammennähen, Nähte reparieren und Saumkanten fixieren.*
1 Arbeiten Sie von links nach rechts und schieben Sie die Nadel so durch den Stoff, dass das verknotete Fadenende auf der linken Stoffseite liegt.

2 Stechen Sie 6 mm rechts vom Ankerpunkt nach oben und ziehen Sie den Faden straff.

3 Bewegen Sie die Nadel etwa 3 mm nach links und stechen Sie nach unten durch, dann wieder 6 mm nach rechts, stechen Sie nach oben durch und ziehen Sie den Faden straff usw. Auf der einen Stoffseite überlappen die Stiche, auf der anderen nicht.

Saumstich: *Dieser unsichtbare Stich wird für Nähte und Säume verwendet.*
1 Arbeiten Sie von rechts nach links und stechen Sie mit der Nadel von der linken Seite aus durch die Faltkante nach oben.

2 Nehmen Sie dann mit der Nadel einen oder zwei Fäden des Oberstoffs direkt oberhalb der Faltkante auf und ziehen Sie das Nähgarn durch.

3 Stechen Sie mit der Nadel wieder durch die Faltkante nach unten, dann etwa 1,25 cm links davon wieder nach oben usw.

Leiterstich: *Mit diesem Stich verbindet man zwei eingefaltete Stoffkanten, z. B. bei Futterteilen.*
1 Stechen Sie mit der Nadel durch die untere Kante und auf der Höhe des Nadelaustritts gleich durch die obere Stoffkante.

2 Ziehen Sie das Nähgarn straff, dann ist es fast unsichtbar. Wenn Sie genau parallel arbeiten, ist das Garn am Ende nicht mehr zu sehen. Nähen Sie diagonal, sind auf der Oberseite kleine Stiche zu erkennen.

Hexenstich: *Der ideale Stich für handgenähte Saumkanten, weil er von der rechten Stoffseite aus fast unsichtbar ist.*
1 Versäubern Sie die Stoffkante entweder mit einem Zickzackstich oder indem Sie die Kante nach innen umschlagen. Arbeiten Sie von links, stechen Sie mit der Nadel durch die Faltkante des Saumes und sichern Sie den Nahtanfang mit einem Rückstich.

2 Machen Sie einen langen Diagonalstich nach rechts und fassen Sie direkt unterhalb der Saumkante einen oder zwei Fäden des Oberstoffs mit einem kleinen Stich von rechts nach links mit.

Vorstich

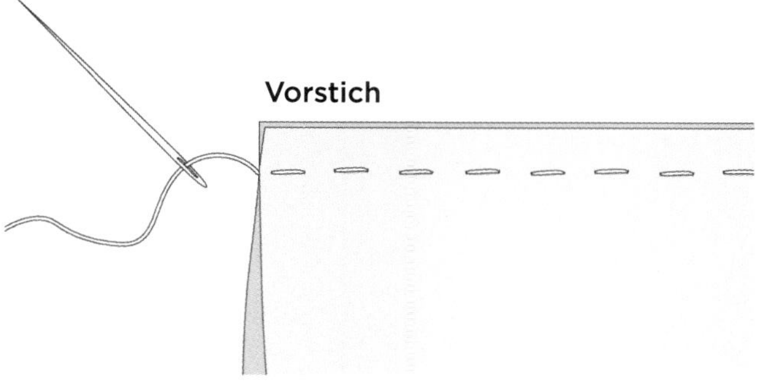

Leiterstich

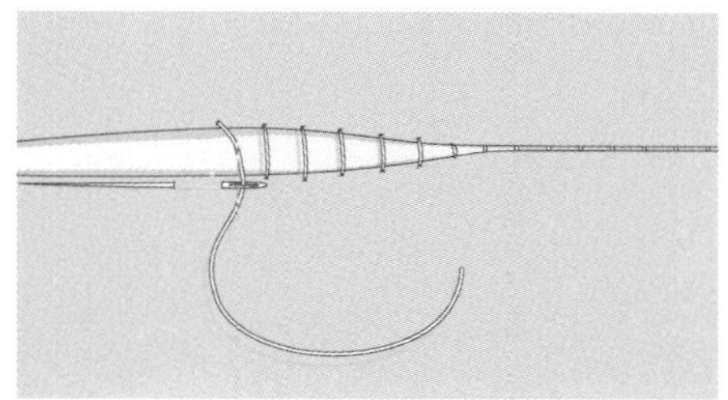

Rückstich

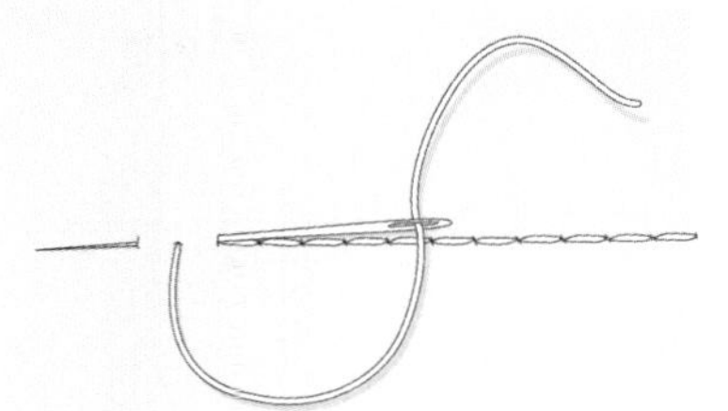

Hexenstich

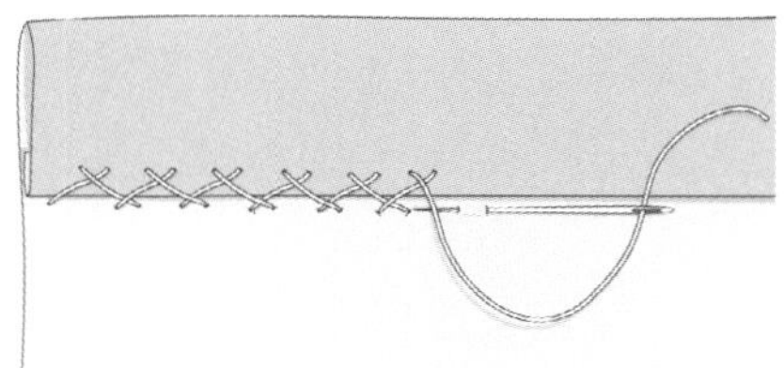

Saumstich

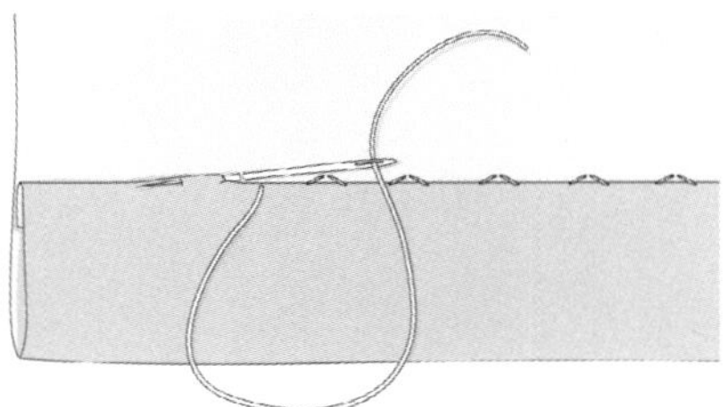

3 Machen Sie einen weiteren langen Diagonalstich nach rechts und stechen Sie mit der Nadel dieses Mal nur durch die Saumkante von rechts nach links usw. Achten Sie darauf, dass die Stiche gleichmäßig sind.

4 Der letzte Stich endet in der Saumkante und wird auf der Innenseite des Kleidungsstücks gesichert.

Drei Möglichkeiten für das Einfädeln

Es gibt eine ideale Fadenlänge, die bei Handnähten erfahrungsgemäß sicherstellt, dass sich der Faden weder verheddert noch verknotet. Sie entspricht etwa einer Armlänge und beträgt ca. 80 cm. Ziehen Sie den Faden von der Rolle, strecken Sie den Arm seitlich aus und schneiden Sie den Faden dann ab.

Einfacher Faden: Schneiden Sie eine Armlänge ab, fädeln Sie ein Ende durch das Nadelöhr und ziehen Sie den Faden nur ein kurzes Stück durch. Das lange Ende wird verknotet. Geeignet für einfache Nähte und Saumnähte.

Einfacher Faden aufgedoppelt: Schneiden Sie eine doppelte Armlänge ab, fädeln Sie ein Ende durch das Nadelöhr und ziehen Sie den Faden so weit durch, bis die beiden Fadenteile gleich lang sind. Verknoten Sie das Ende. Geeignet für das Annähen von Knöpfen und Verschlüssen.

Doppelter Faden: Schneiden Sie eine doppelte Armlänge ab, doppeln Sie den Faden auf und ziehen Sie das Fadenende mit der Schlinge durch das Nadelöhr, bis beide Fadenteile gleich lang sind. Geeignet für Nähte, die besonders robust sein müssen, z. B. beim Annähen von Knöpfen, Haken und Ösen oder anderen Verschlüssen. Wenn Sie den ersten Stich durch die Schlinge ziehen, wird der Nahtanfang besonders gut gesichert.

GEWACHSTES GARN HERSTELLEN

Ziehen Sie das Garn durch etwas Bienenwachs, dann wird es fester und verheddert sich nicht so leicht. Reiben Sie das Garn zwischen den Fingern oder bügeln Sie es kurz, damit sich das Wachs gut mit dem Garn verbindet.

Zickzackstich

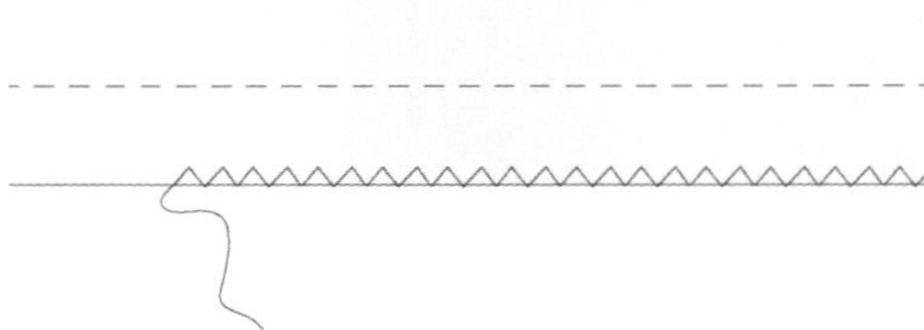

MASCHINENSTICHE

Ihre Nähmaschine bietet wahrscheinlich eine Vielzahl von Stichen. Für dieses Buch haben wir vier ausgewählt.

Geradstich: *Dieser vielseitige Standardstich wird für Schließ- und Steppnähte verwendet.* Stellen Sie die Stichlänge zwischen 2,3 und 2,6 ein, je nach Stoffart und Anzahl der Stofflagen.

Heftstich: *Mit langen Heftstichen verbindet man Stofflagen schnell und provisorisch.* Stellen Sie die längste Stichlänge ein.

Zickzackstich: *Damit kann man fast alle Stoffkanten gut versäubern. Stichbreite und -länge lassen sich je nach Bedarf variieren. Kürzere Stiche braucht man bei feinen Stoffen, längere eher bei schweren Stoffen. Bei Stretchstoffen eignen sich Zickzackstiche auch als Schließnaht.*
Legen Sie den Stoff so unter den Nähfuß, dass die Stoffkante in Nähfußmitte liegt und die Stiche die Kante einfassen können. Sie können auch parallel zur Stoffkante eine Zickzacknaht nähen und überstehenden Stoff wegschneiden.

Blindsaumstich: *Wenn Sie einen Blindsaumfuß als Zubehör haben, erhalten Sie mit diesem Stich eine unsichtbare Naht.*
1 Dazu müssen Sie zuerst den Stoff richtig falten. Falten Sie die Saumzugabe einmal links auf links und bügeln Sie sie aus. Legen Sie dann den Stoff mit der rechten Seite nach unten und klappen Sie den gebügelten Saum so unter den Oberstoff, dass nur 6 mm der Saumzugabe unter dem Stoff hervorsehen.

Blindsaumstich

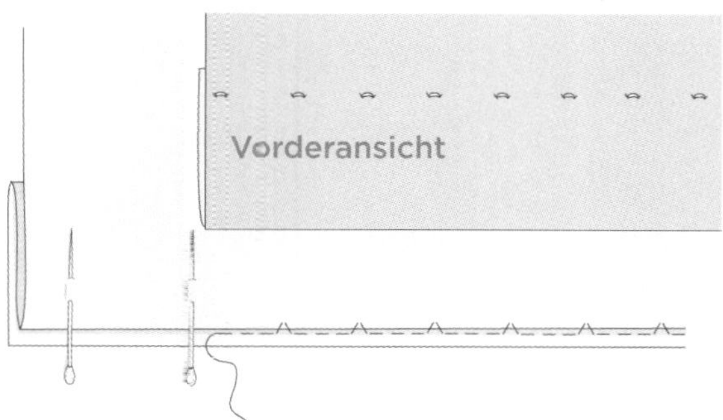

Overlocknaht

Symbol für Blindsaum

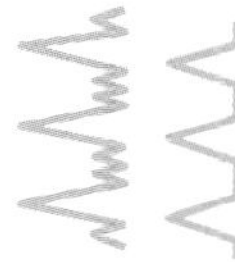

Untersteppen

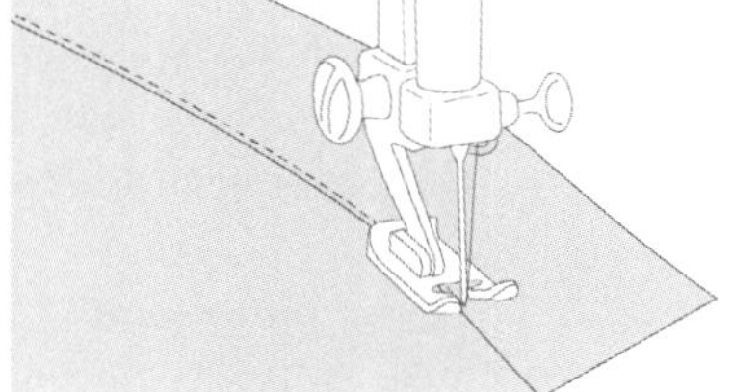

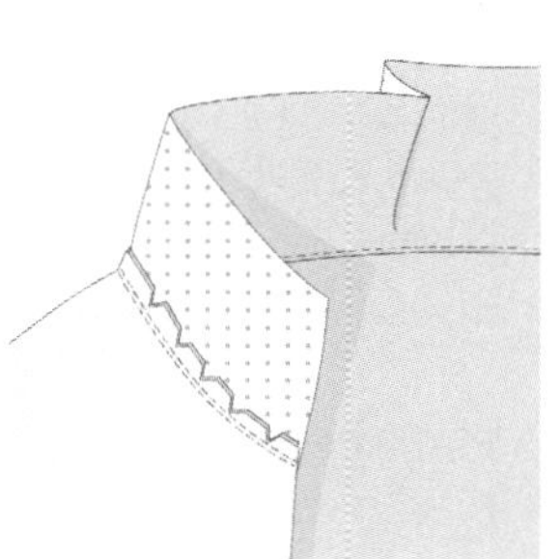

2 Schieben Sie den Stoff so unter den Blindsaumfuß, dass die Saumkante an die Metallführung stößt. Stellen Sie einen Blindsaumstich ein und nähen Sie die Kante entlang. Mit diesem Stich wird die Faltkante in regelmäßigen Abständen erfasst. Klappen Sie am Ende den Saum um und bügeln Sie ihn aus.

Arbeit mit der Overlockmaschine
Mit einer Overlockmaschine lassen sich in einem Arbeitsgang Nähte schließen, versäubern und die Kanten abschneiden. Zum Versäubern arbeitet die Maschine mit drei, vier oder fünf Fäden. Sie näht viel schneller als eine Nähmaschine und eignet sich ganz besonders für Stretchstoffe.
Nähen Sie parallel zur Stoffkante und richten Sie den Stoff so aus, dass die richtige Breite abgeschnitten wird.

Stiche für verschiedene Zwecke

Stütznaht: *Geradstiche verhindern, dass Teile, die im schrägen Fadenlauf zugeschnitten wurden, überdehnt werden.*
Nähen Sie auf der einfachen Stofflage im Abstand von 5 mm zur Kante eine gerade Naht. Die Stütznaht kann am Ende auch mit der Nahtzugabe zurückgeschnitten werden.

Steppen: *Steppstiche sind auf der rechten Stoffseite deutlich sichtbar, deshalb werden sie auch als dekorative Elemente eingesetzt.*
Nähen Sie eine gerade Naht von der rechten Stoffseite aus. Bei einer Handnaht machen Sie kurze Stiche, bei einer Maschinennaht stellen Sie eine etwas längere Stichlänge ein. Sie können die Nahtlinie zuvor markieren oder einfach der Stoffkante folgen.

Untersteppen: *Untersteppstiche sind nur auf der Innenseite des Kleidungsstücks sichtbar. Sie verhindern, dass der Besatz oder das Futter unter der Saumkante hervorschaut.*
Arbeiten Sie von Hand mit Rückstichen bzw. mit der Maschine mit Geradstichen und nähen Sie den Besatz oder das Futter knapp neben der Saumkante an der Saumzugabe fest.

Nähte

Es gibt verschiedene Möglichkeiten, zwei Stoffteile dauerhaft miteinander zu verbinden. Überlegen Sie vorab, wo die jeweilige Naht liegt und ob sie nur zweckmäßig ist oder die optische Wirkung des Kleidungsstücks beeinflusst. Eine Nahtzugabe brauchen Sie auf jeden Fall, denn wenn Sie direkt an der Stoffkante nähen, ist die Naht nicht stabil und der Stoff franst aus. Fertige Nähte müssen immer ausgebügelt werden, damit sie ihre endgültige Form erhalten und sich das Garn besser mit dem Stoff verbindet.

Einfache Naht

Diese Naht wird am häufigsten verwendet.
Sie wird mit einem geraden Stich im Abstand von 1,5 cm von der Stoffkante genäht, wobei die beiden Stoffteile rechts auf rechts liegen. Die Stichlänge richtet sich nach der Dicke des Stoffes.

Französische Naht

Eine französische Naht wirkt sehr professionell, weil die unversäuberte Stoffkante ganz eingeschlossen wird. Sie eignet sich ideal für Kleidungsstücke, bei denen auch die Innenseite zu sehen ist.

1 Legen Sie die Stoffteile links auf links und schließen Sie die Naht im Abstand von 5 mm zur Stoffkante.

2 Schneiden Sie die Nahtzugabe auf ca. 3 mm zurück und bügeln Sie sie auf eine Seite.

3 Legen Sie die Stoffteile nun rechts auf rechts und schließen Sie die Naht mit einer Nahtzugabe von 1 cm. Die unversäuberten Kanten liegen jetzt innen. Bügeln Sie die Nahtzugabe auf eine Seite.

Kappnaht

Bei der Kappnaht werden die Stoffkanten von der rechten Seite aus eingeschlagen und abgesteppt. Diese Naht wirkt sehr sauber und ist besonders robust. Sie wird bei Jeans verwendet.

1 Legen Sie die Stoffteile links auf links und schließen Sie die Naht mit einer Nahtzugabe von 1,5 cm. Bügeln Sie die Nahtzugabe auf eine Seite.

2 Schneiden Sie die unten liegende Nahtzugabe auf die Hälfte zurück, falten Sie die oben liegende Zugabe darüber, steppen Sie sie fest und bügeln Sie die Naht.

Französische Naht

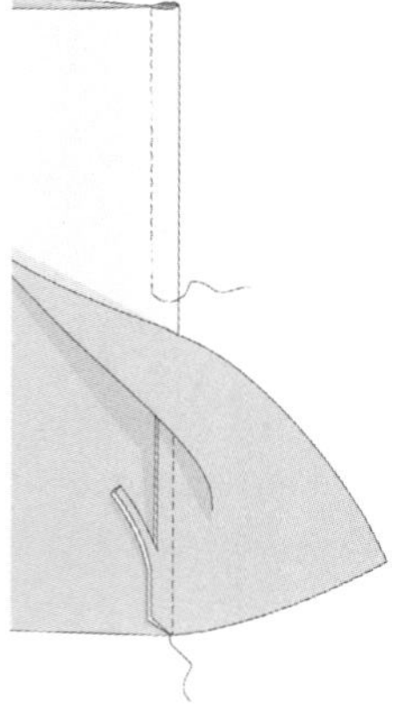

Kappnaht

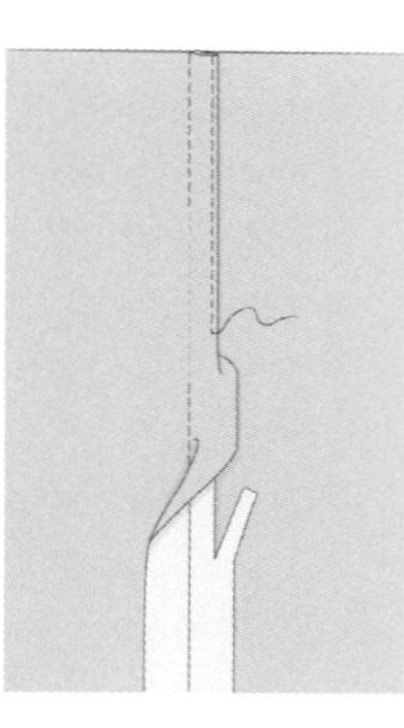

Versäubern

Eine Naht ist erst komplett, wenn die Stoffkante versäubert ist. Erst dann bleibt die Naht stabil und der Stoff franst nicht aus. Schön versäuberte Kanten gehören einfach zu einem hochwertigen Kleidungsstück, an dem Sie lange Ihre Freude haben.

Zackenkante

Eine Zackenkante funktioniert am besten bei Stoffen, die nicht leicht ausfransen. Die Zackenschere hat Schneiden mit Zähnchen, die im Stoff eine stabile Zackenkante hinterlassen und so das Ausfransen verhindern.

Schneiden Sie nach dem Nähen die Nahtzugabe mit der Zackenschere zurück.

Zickzacknaht

Mit einer Zickzacknaht kann man bei den meisten Stoffarten die Kanten schnell versäubern, sodass sie nicht ausfransen.

1 Stellen Sie einen Zickzackstich ein. Stichlänge und -breite hängen von der Dicke des Stoffes ab. Kürzere Stiche funktionieren gut bei leichten Stoffen, längere eher bei schweren. Prüfen Sie zuerst an einem Stoffrest, ob die Zickzacknaht glatt wird und die Kante gut versäubert.

2 Legen Sie die Stoffkante so unter den Nähfuß, dass die Zickzackstiche die Kante einfassen. Sie können die Zickzacknaht auch knapp neben der Kante nähen und den Stoff dann wegschneiden. Nahtzugaben kann man einzeln versäubern oder zusammen, wobei es sich bei dicken Stoffen empfiehlt, sie einzeln zu versäubern.

Einschlagen

Gerade bei leichten bis mittelschweren Stoffen lassen sich die Kanten auch gut einschlagen.

Klappen Sie den Stoff entlang der Kante 3 mm nach hinten um bzw. 6 mm, wenn der Stoff leicht ausfranst, und steppen Sie dann die Faltkante entlang.

TIPP ZUM EINSCHLAGEN

Wenn Sie mit feinen Stoffen arbeiten oder eine Rundung versäubern möchten, nähen Sie eine Naht knapp neben der Faltkante, dann lässt sich der Stoff leichter einschlagen.

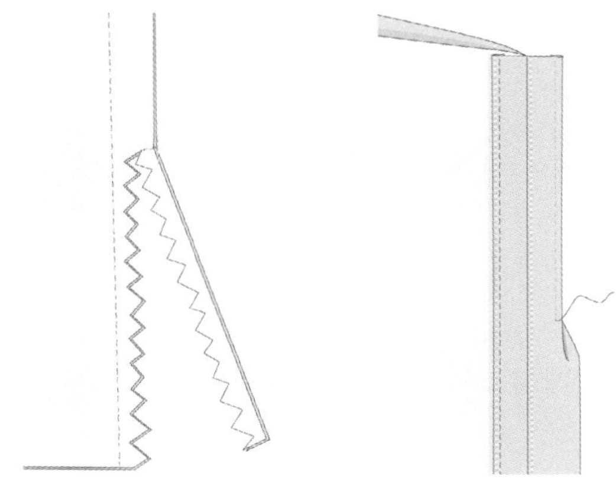

Einfassen mit Schrägband

Dieses Einfassband wird schräg zugeschnitten, damit es sich etwas dehnt und sich gut um die Kanten legt. Es kann zum Versäubern verwendet werden, eignet sich aber auch als dekoratives Element, etwa wenn eine Saumkante mit einem Schrägband in Kontrastfarbe oder aus einem anderen Stoff eingefasst wird. Schrägband gibt es in vielen Farben und Breiten fertig zu kaufen, Sie können es aber auch leicht selbst machen.

1 Legen Sie das Schrägband rechts auf rechts an die Stoffkante und stecken Sie es fest.

2 Nähen Sie das Schrägband im gewünschten Abstand fest und ziehen Sie dabei die Stecknadeln nach und nach heraus.

3 Falten Sie das Schrägband um die Kante herum zur linken Stoffseite.

4 Stecken Sie die Kante des Schrägbands am Stoff fest. Nähen Sie das Band mit der Hand oder der Maschine fest und bügeln Sie es.
Sie können das Schrägband auch zuerst in der Mitte falten, bügeln und die unversäuberte Stoffkante mit einer einzigen Naht zwischenfassen.

Versäubern mit einer Overlocknaht

Eine Overlockmaschine schneidet die Stoffkante ab und versäubert sie mit einer Naht mit 3, 4 oder 5 Fäden, sodass die Kante nicht ausfransen kann. Eine solche Naht lässt sich sehr schnell nähen. Richten Sie einfach die Stoffkante am Messer der Overlockmaschine aus.

Schrägband

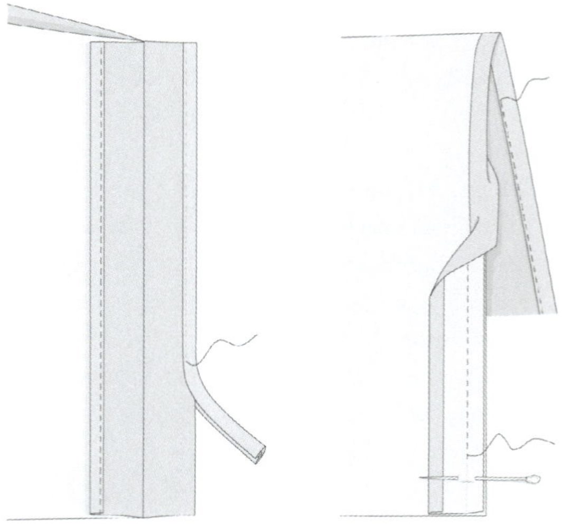

SCHRÄGBAND SELBST HERSTELLEN

Mit dieser Methode verwandeln Sie ein großes Stoffquadrat mit wenig Abfall in ein Schrägband.

1 Legen Sie die sichtbare Breite des späteren Schrägbands fest, z. B. 1 cm, und die Länge. Die gewünschte sichtbare Breite wird mit 4 multipliziert, bei unserem Beispiel ergibt sich eine Bandbreite von 4 cm.

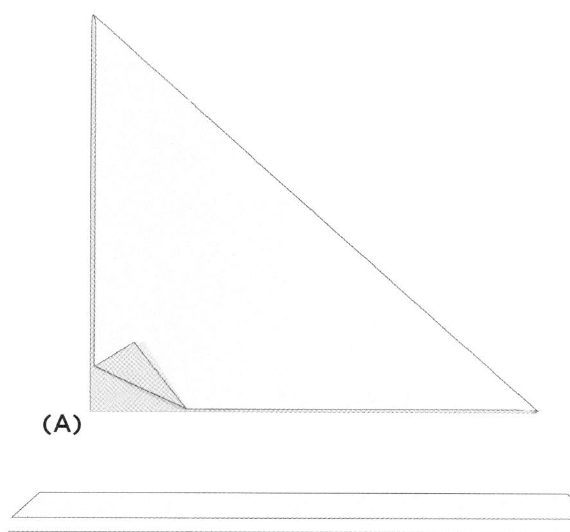
(A)

2 Falten Sie ein Stoffquadrat diagonal und bügeln Sie die Faltkante ganz leicht. Öffnen Sie danach das Stoffquadrat wieder. **(A)**

3 Zeichnen Sie mit Lineal und Bleistift im Abstand von 4 cm zur Faltlinie eine parallele Linie auf. Zeichnen Sie im selben Abstand weitere Linien bis zum Ende des Stoffes.

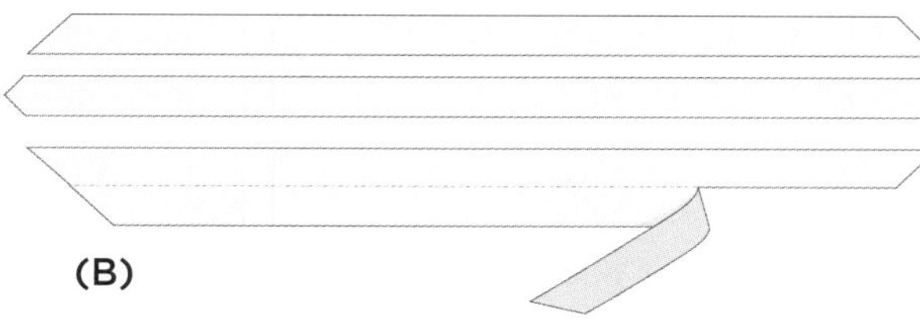
(B)

4 Schneiden Sie den Stoff entlang der eingezeichneten Linien in 4 cm breite Streifen **(B)**. Lassen Sie die Streifenenden schräg.

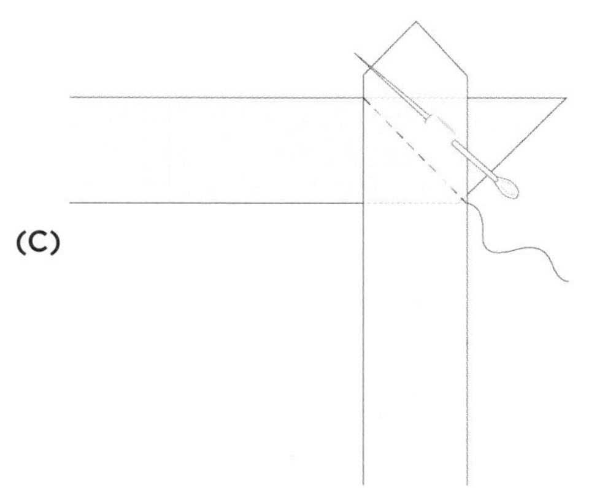
(C)

5 Legen Sie zwei Streifen im Winkel von 90° rechts auf rechts und nähen Sie sie diagonal zusammen. **(C)**

6 Schneiden Sie die Nahtzugaben zurück und bügeln Sie sie auseinander. Nähen Sie ausreichend viele Streifen zusammen.

7 Falten Sie das Schrägband der Länge nach auf die Hälfte zusammen und bügeln Sie es leicht. Öffnen Sie es wieder, falten Sie die Stoffkanten jeweils bis zur Mitte ein und bügeln Sie das gesamte Band.

8 Sie können auch einen Schrägbandformer verwenden. Legen Sie das Schrägband mit der linken Seite nach oben in den Bandformer ein und helfen Sie nach Bedarf mit einem Nahttrenner etwas nach. Wenn Sie das ganze Band durchziehen, erhalten Sie ein einmal gefaltetes Schrägband.

TIPP FÜR DAS SCHRÄGBAND

Überlegen Sie vorab, wie lange die Streifen sein müssen, die Sie zusammensetzen. Vielleicht können Sie die Längen so festlegen, dass die Nähte am Kleidungsstück so platziert werden, dass sie kaum ins Auge fallen.

Saumkanten

Nach all dem Messen, Schneiden und Nähen steht noch eine große Entscheidung an, nämlich welche Art Saum Sie gern hätten. Dafür gibt es keine festen Regeln. Am besten lassen Sie sich von Ihren Lieblingsstücken inspirieren.

SAUMBREITE

EIN SCHMALER SAUM (3–6 mm)
eignet sich für leichte bis mittelschwere Stoffe und weich fließende Kleidungsstücke, weil der Stoff dann besser fällt.

EIN MITTELBREITER SAUM (bis 1,25 cm)
gibt Blusen und Kleidern mehr Struktur.

EIN BREITER SAUM (2,5 cm)
gibt mittelschweren Stoffe etwas mehr Stand und trägt dazu bei, dass legere Hosen, Röcke und Kleider gut sitzen.

EIN EXTRABREITER SAUM (3–5 cm)
ist meist bei maßgeschneiderten Kleidern und Röcken zu finden, weil die Kleidungsstücke dann ganz besonders schön fallen.

Doppelter Saum
Ein doppelt eingeschlagener Saum eignet sich für leichte bis mittelschwere Webstoffe.

1 Bügeln Sie die Stoffkante erst um 6 mm nach innen um, dann ein zweites Mal. Sie können den Saum aber auch breiter machen.

2 Nähen Sie die Saumkante mit der Hand oder Maschine fest.

Einfacher Saum
Bei dicken Webstoffen empfiehlt sich ein einfacher Saum, weil ein doppelter zu voluminös wäre.

1 Versäubern Sie die Stoffkante, falten Sie sie dann nach innen um und bügeln Sie sie.

2 Nähen Sie die Saumkante mit der Hand oder Maschine fest.

Einfacher Saum

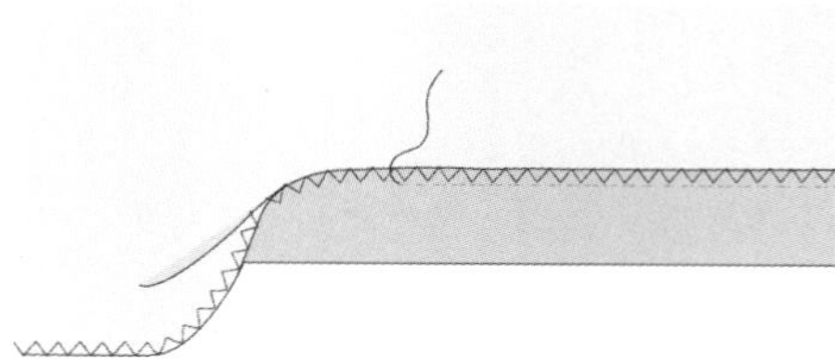

Doppelter Saum

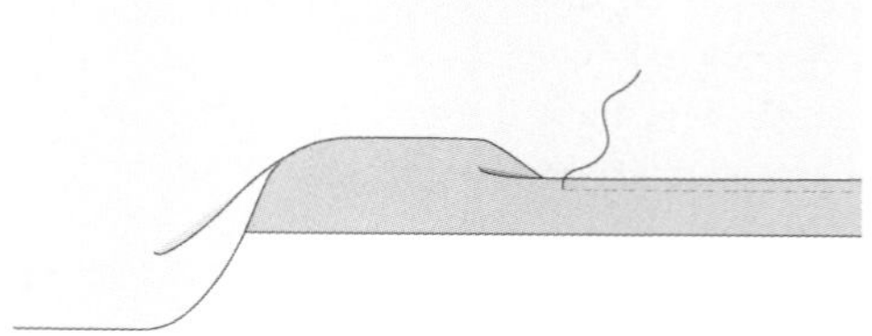

Rollsaum

Ein Rollsaum ist besonders schmal und wirkt sehr elegant. Er eignet sich gut für leichte Webstoffe und ist bei gerundeten Saumkanten oft die erste Wahl. Es braucht etwas Übung und Geduld, bis ein mit der Hand oder Maschine genähter Rollsaum wirklich passt, aber das Endergebnis wird Sie begeistern.

Maschineller Rollsaum

Sie brauchen einen Rollsaumfuß, denn der ist mit einer Schnecke ausgestattet, die den Stoff beim Nähen einrollt. Ein Rollsaum kann den Stoff etwas verziehen, besonders in Rundungen, deshalb ist es wichtig, dass Sie den Saum zum Schluss sorgfältig bügeln.

1 Legen Sie den Stoff mit der linken Seite nach oben, schlagen Sie die Kante schmal um und drücken Sie sie mit dem Daumen glatt. Schlagen Sie die Kante noch einmal schmal um und stecken Sie die ersten paar Zentimeter des Rollsaums fest.

2 Setzen Sie den Rollsaumfuß ein und stellen Sie einen Geradstich ein.

3 Legen Sie den Stoff unter den Nähfuß und richten Sie die Saumkante an der Führung aus.

4 Sichern Sie die Naht mit einigen Stichen.

5 Heben Sie den Nähfuß an, aber lassen Sie die Nadel im Stoff stecken. Fädeln Sie nun die Saumkante in die Schnecke ein.

6 Senken Sie den Nähfuß wieder ab und beginnen Sie die Naht. Heben Sie die Stoffkante beim Nähen etwas an, damit sie gut in die Schnecke läuft und der Saum schön eingerollt wird.

Falls Sie keinen Rollsaumfuß haben, können Sie die Stoffkante auch einfach schmal umfalten, bügeln und festnähen, dann ein zweites Mal umfalten, bügeln und festnähen. Nähen Sie die zweite Naht direkt auf der ersten. Außen ist am Ende nur eine Naht sichtbar.

Maschineller Rollsaum

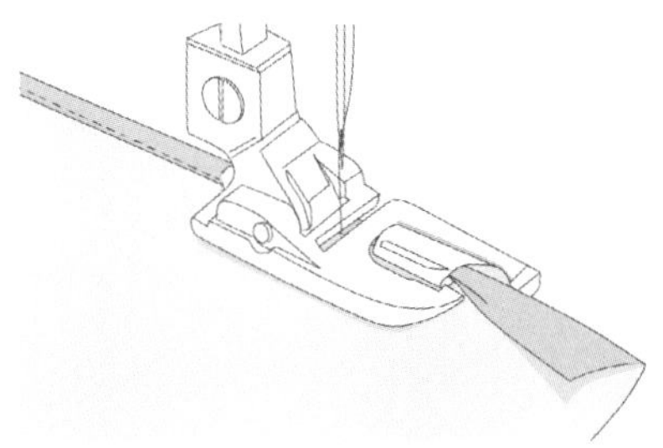

Handgenähter Rollsaum

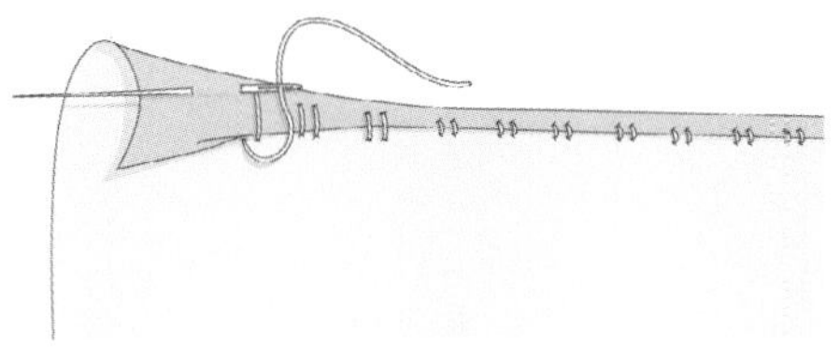

Handgenähter Rollsaum

Bei einem handgenähten Rollsaum ist die Naht kaum sichtbar, denn sie wird mit kleinen Saumstichen genäht.

1 Arbeiten Sie von der linken Stoffseite aus und sichern Sie den Anfang der Naht. Stechen Sie dann mit der Nadel im Abstand von etwa 3 mm von der Stoffkante durch die rechte Stoffseite.

2 Rollen Sie die Stoffkante auf die linke Seite und schieben Sie sie mit der Nadelspitze unter den Stoff. Der erste Stich liegt nun über der Faltkante.

3 Nehmen Sie knapp neben dem ersten Stich mit der Nadel einen oder zwei Fäden von der rechten Stoffseite auf und ziehen Sie das Nähgarn straff.

Verschlüsse

Verschlüsse können funktionell und dekorativ sein. Sie erleichtern das An- und Ausziehen von Kleidungsstücken und werden auch als Zierelemente eingesetzt. Alle Verschlussteile müssen zum Stil des jeweiligen Kleidungsstücks passen und oft sind unsichtbare Verschlüsse die beste Lösung. Doch auch ein sichtbarer Reißverschluss kann einem Kleid eine besondere Note verleihen und gemusterte Knöpfe machen eine schlichte Bluse vielleicht erst richtig schön.

REISSVERSCHLÜSSE

Bei den Reißverschlüssen müssen Sie absolut sorgfältig arbeiten, denn nichts beeinträchtigt einen Look so sehr wie ein schlecht eingesetzter Reißverschluss. Es gibt verschiedene Arten: unsichtbar, verdeckt, sichtbar und mit Untertritt. Wichtig ist die Vorbereitung, damit der Reißverschluss wirklich mittig liegt.

Einen nahtverdeckten/unsichtbaren Reißverschluss einsetzen

Sie brauchen einen passenden Reißverschluss und einen entsprechenden Nähmaschinenfuß, um ein professionelles Ergebnis zu erzielen. Der Reißverschluss muss eingesetzt werden, bevor die restliche Naht geschlossen wird.

1 Öffnen Sie den Reißverschluss und legen Sie ihn rechts auf rechts auf den Stoff, wobei die Zähnchen genau an der Nahtlinie liegen. Das Trägerband verläuft parallel zur Stoffkante, sodass noch einige Millimeter vom Stoff sichtbar sind und die Kante nicht unter den Reißverschluss rutscht. Stecken Sie die erste Seite des Reißverschlusses fest. **(A)**

2 Legen Sie den Reißverschluss so unter den Reißverschlussfuß, dass die Zähnchen in die Rinne an der Fußunterseite laufen. Schieben Sie die Zähnchen etwas zur Seite und nähen Sie den Reißverschluss nun möglichst knapp neben den Zähnchen fest. Die Zähnchen kehren am Schluss in die Ausgangslage zurück. **(B)**

3 Legen Sie die andere Seite des Reißverschlusses rechts auf rechts auf den Stoff und stecken Sie ihn fest. Schließen Sie den Reißverschluss, um zu prüfen, ob die Lage stimmt und er von rechts unsichtbar ist. Öffnen Sie ihn wieder und nähen Sie die zweite Seite ebenfalls fest.

4 Schließen Sie den Reißverschluss. Stecken Sie die Stoffteile unterhalb des Reißverschlusses links auf links bis zum Nahtende zusammen.

5 Setzen Sie einen normalen Reißverschlussfuß in die Nähmaschine ein und schließen Sie die Naht. Beginnen Sie etwas oberhalb des Reißverschlussendes und nähen Sie etwa 5 cm darüber hinaus. Nähen Sie möglichst dicht an der Nahtlinie, damit sich der Stoff am unteren Ende des Reißverschlusses nicht verzieht. **(C & D)**

6 Setzen Sie nun einen einfachen Geradstichfuß ein und nähen Sie den Rest der Naht fertig.

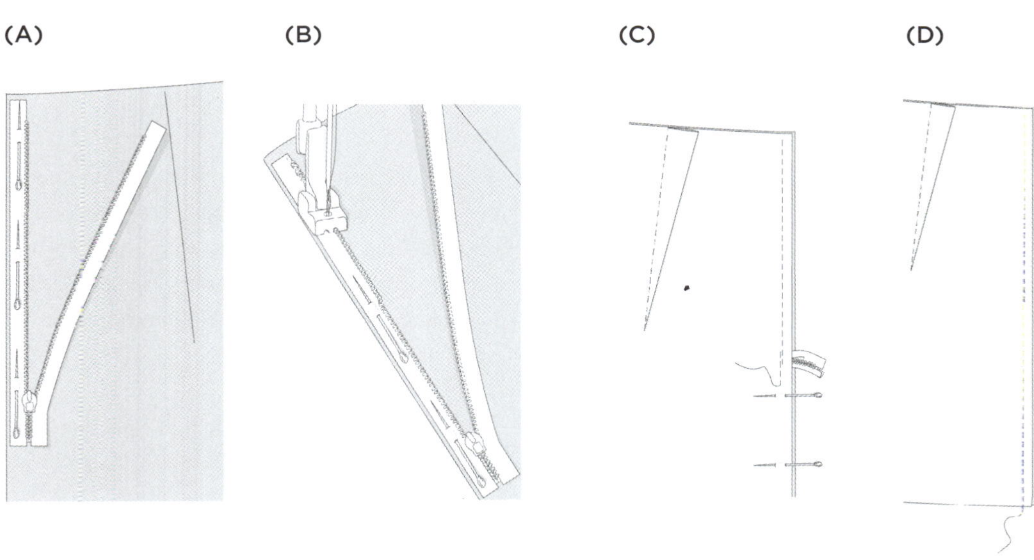
(A)
(B)
(C)
(D)

Einen verdeckten Reißverschluss einsetzen
Für diesen Reißverschluss benötigen Sie einen normalen Reißverschlussfuß. Er wird von der linken Seite aus eingesetzt und es ergibt sich eine schöne parallele Naht.

1 Markieren Sie auf dem Stoff das untere Ende des Reißverschlusses.

2 Stellen Sie einen langen, geraden Heftstich ein, legen Sie die Stoffteile rechts auf rechts und schließen Sie die Naht von oben bis zur angebrachten Markierung. Die Heftnaht lässt sich später schnell wieder entfernen.

3 Sobald Sie bei der Markierung angekommen sind, stellen Sie die übliche Stichlänge ein, sichern die Naht mit Rückstichen und schließen die Naht ganz.

4 Bügeln Sie die Nahtzugaben auseinander und versäubern Sie beide Kanten einzeln.

5 Legen Sie den Reißverschluss mit der rechten Seite nach unten auf die linke Stoffseite. Die Zähnchen liegen genau auf der Nahtlinie. Stecken Sie den Reißverschluss fest und fixieren Sie ihn mit einer Heftnaht. **(A)**

6 Setzen Sie den Reißverschlussfuß ein und schieben Sie den Stoff samt Reißverschluss so darunter, das der Nähfuß etwas unterhalb des oberen Endes des Reißverschlusses liegt. Der Nähfuß ist so gebaut, dass die Nadel relativ nahe an den Zähnchen entlangläuft, doch im Bereich des Schiebers geht das nicht, weil er zu viel Platz einnimmt.

7 Nähen Sie eine Seite des Reißverschlusses fest, lassen Sie am Ende die Nadel im Stoff, heben Sie den Nähfuß an und nähen Sie quer über die Zähnchen. Plastikzähnchen sollten für Ihre Nähmaschine kein Problem darstellen. Wenn der Reißverschluss Metallzähnchen hat, müssen Sie quer über das Ende des Trägerbands nähen.

8 Nähen Sie die andere Seite des Reißverschlusses von unten her fest. Wenn Sie an dem Punkt angelangt sind, an dem Sie zuvor auf der anderen Seite die Naht begonnen haben, lassen Sie die Nadel im Stoff stecken und ziehen den Schieber am Nähfuß vorbei nach unten. Nähen Sie die Naht fertig. **(B)**

9 Lassen Sie den Schieber unten und nähen Sie den noch losen Teil des Reißverschlusses von oben her fest. Die beiden Nahtlinien sollten auf ganzer Länge parallel verlaufen. Ziehen Sie die Fadenenden auf die linke Seite durch und verknoten Sie sie. **(C)**

10 Entfernen Sie von der rechten Seite aus die Heftnaht, dann ist der Reißverschluss einsatzbereit. **(D)**

TIPP FÜR NAHTVERDECKTE/ UNSICHTBARE REISSVERSCHLÜSSE

Alle Nähte werden von der linken Seite aus genäht und liegen auf den Nahtzugaben. Ein nahtverdeckter/ unsichtbarer Reißverschluss lässt sich deshalb besonders leicht einsetzen.

(A)

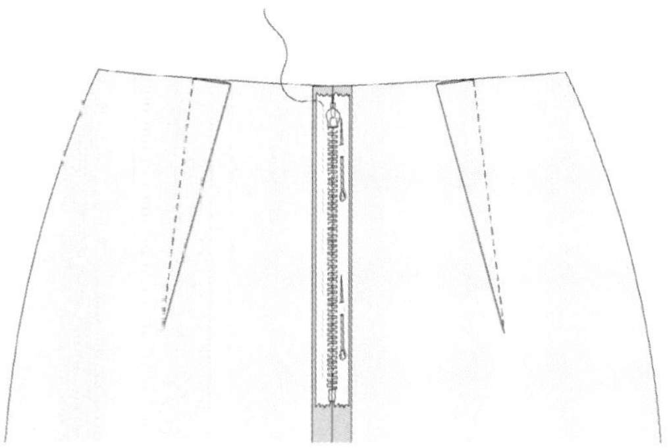

(B)

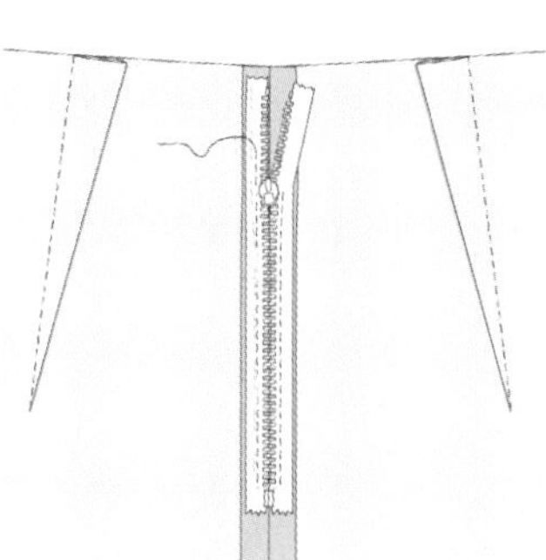

(C)

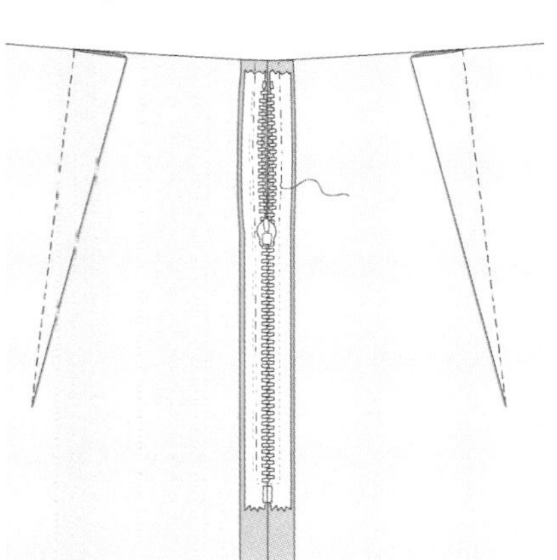

(D)

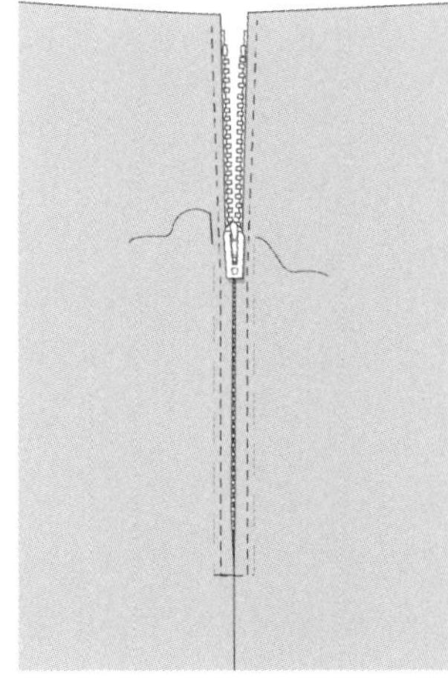

Einen Reißverschluss mit Untertritt einsetzen
Sie brauchen einen einfachen Reißverschlussfuß und etwas Bügelvlies für den Untertritt.

1 Schneiden Sie die Stoffteile aus und übertragen Sie alle Markierungen, Einsetz- und Passzeichen. Zeichnen Sie auf beiden Teilen die vordere Mitte ein, auf der rechten Hosenseite zusätzlich eine gestrichelte parallele Linie im Abstand von 2,5 cm in Richtung Untertritt. **(A)** Achten Sie darauf, welches das rechte und welches das linke Hosenbein der fertigen Hose ist.

2 Legen Sie den Reißverschluss rechts auf rechts so auf den Stoff, dass die Kante auf der gestrichelten Linie liegt.

3 Stecken Sie den Reißverschluss fest und nähen Sie ihn knappkantig fest. Nähen Sie dann eine zweite parallele Naht, die näher an den Zähnchen liegt. Damit Sie eine durchgehende Naht erhalten, müssen Sie den Schieber an einer geeigneten Stelle nach unten ziehen. **(B)**

4 Schieben Sie das linke Hosenbein rechts auf rechts unter das rechte Hosenbein. Falten Sie den rechten Untertritt mit dem Reißverschluss so zurück, dass der Reißverschluss flach aufliegt. Achten Sie auf Passzeichen. Stecken Sie

(A)

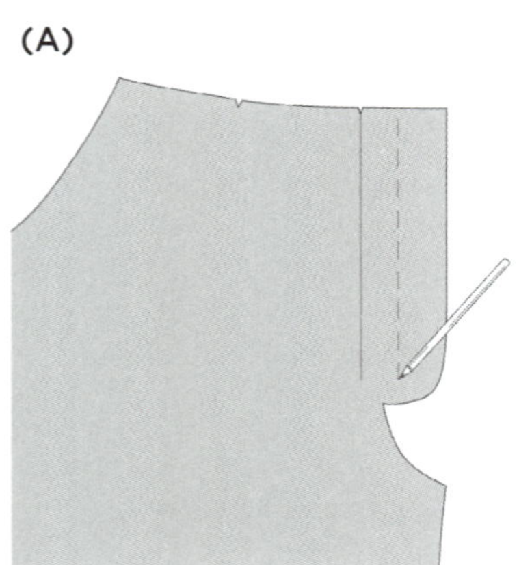

(B)

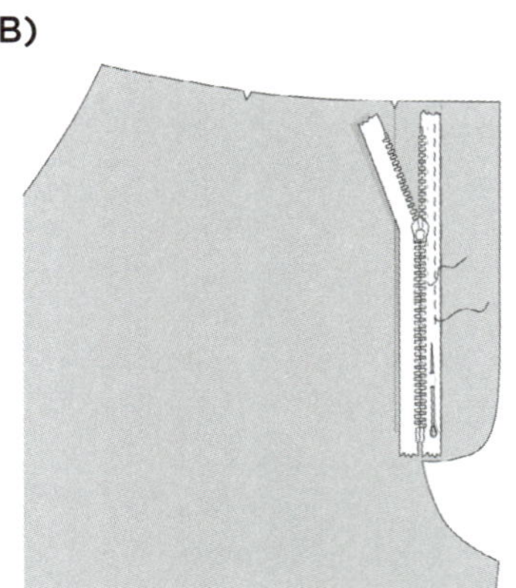

(C)

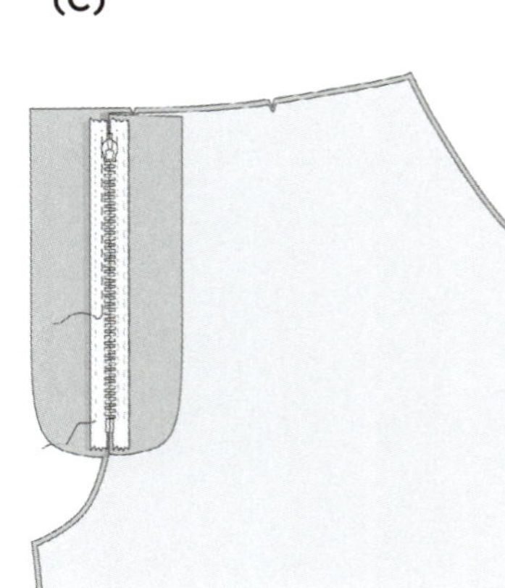

den Reißverschluss fest und nähen Sie ihn mit zwei parallelen Nähten fest. **(C)**

5 Schließen Sie die vordere Mittelnaht entlang der Rundung vom Schlitzzeichen bis zur Beinnaht. Das geht leichter, wenn der Reißverschluss offen ist.

6 Schneiden Sie am linken Hosenbein die Nahtzugabe am Ende des Untertritts ein. **(D)**

7 Legen Sie von der rechten Stoffseite aus die linke Faltkante über den Reißverschluss (die Faltkante entspricht der eingezeichneten Mittellinie). Mit dem Daumen glattstreifen, dann feststecken. **(E)**

8 Zeichnen Sie eine parallele Linie im Abstand von 3,5 cm zur Faltkante ein, die am unteren Ende in einer Rundung bis zur Mittellinie verläuft und steppen Sie diese Linie ab.

9 Falten Sie den Untertritt rechts auf rechts, stecken Sie ihn fest und nähen Sie die untere Kante entlang. Schneiden Sie die Nahtzugaben zurück und wenden Sie den Untertritt auf rechts.

10 Legen Sie den Untertritt von der linken Stoffseite aus so über den Reißverschluss, dass die Faltkante auf der Umschlagkante des linken Hosenbeins liegt. Stecken Sie die offenen Kanten an den Umschlag des rechten Hosenbeins (der etwas breiter ist). Stecken und nähen Sie den Untertritt an der rechten Umschlagkante fest, schneiden Sie die Nahtzugaben zurück und versäubern Sie sie. **(F)**

11 Legen Sie von der rechten Stoffseite aus den Untertritt glatt unter den Reißverschluss und steppen Sie bei geöffnetem Reißverschluss durch alle Lagen entlang der linken Reißverschlusskante. Nähen Sie dabei möglichst dicht an den Zähnchen entlang. **(G)**

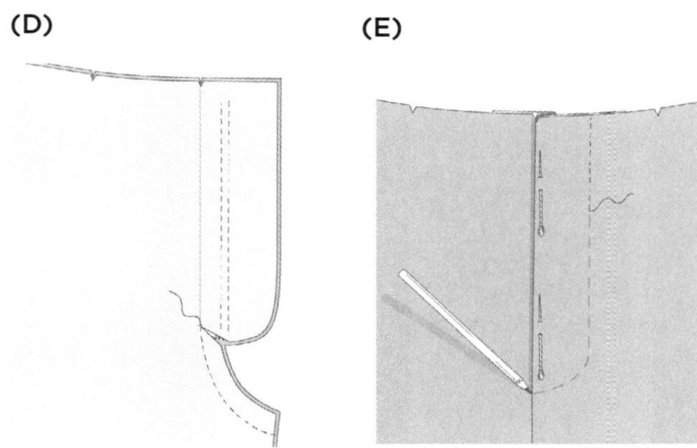

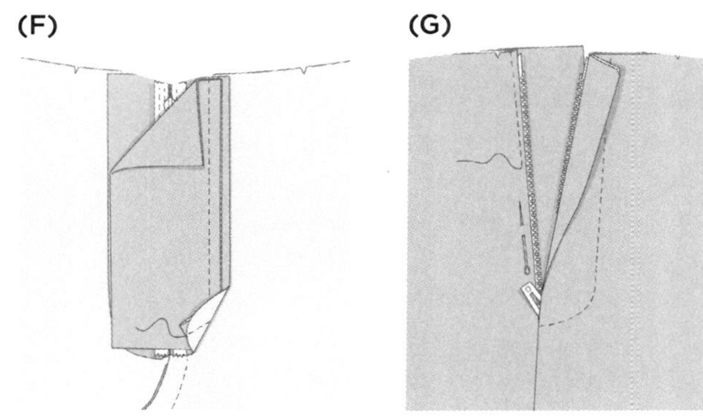

Einen sichtbaren Reißverschluss einsetzen
Solche Reißverschlüsse gibt es in verschiedenen Längen und vielen Farben. Die Zähnchen sind entweder aus Metall oder aus Kunststoff. Sie brauchen zum Stabilisieren des Stoffes eine leichte bis mittlere Bügeleinlage, die etwa doppelt so breit ist wie der Reißverschluss und 2,5 cm länger. Sichtbare Reißverschlüsse kann man mit oder ohne sichtbare Naht einnähen.

1 Bügeln Sie die Einlage so auf die linke Stoffseite, dass die beiden Längskanten gleich weit von der Reißverschlusslinie entfernt liegen.

2 Zeichnen Sie auf der Bügeleinlage die Reißverschlusslinie bis zum unteren Ende der Zähnchen ein.

3 Zeichnen Sie eine Querlinie an der Stelle ein, an der das untere Ende der Klammer liegt. **(A)**

4 Metallzähnchen haben meist eine Breite von 1 cm, d. h., der Schlitz muss 1 cm breit sein, damit die Zähnchen später sichtbar sind. Wenn auch ein Teil des Trägerbands sichtbar sein soll, machen Sie den Schlitz etwas breiter. Nähen Sie für einen 1 cm breiten Schlitz im Abstand von 5 mm um die eingezeichnete Reißverschlusslinie herum. **(B)**

5 Schneiden Sie den Stoff entlang der Reißverschlusslinie bis zur Quermarkierung auf und schneiden Sie am Schlitzende schräg bis in die Nahtecken ein, ohne die Naht zu durchtrennen. **(C)**

6 Falten Sie den Stoff entlang der Nahtlinie auf die linke Seite um und bügeln Sie den gesamten Bereich. **(D)**

7 Wenden Sie den Stoff auf rechts und legen Sie den Reißverschluss unter den Schlitz. Stecken und heften Sie den Reißverschluss fest und achten Sie darauf, dass das Trägerband des Reißverschlusses mitgefasst wird. **(E)**

8 Setzen Sie einen Reißverschlussfuß ein und nähen sie den Reißverschluss möglichst dicht entlang der Faltkante des Stoffes fest **(F)**. Entfernen Sie die Heftnaht. **(G)**

TIPP FÜR SICHTBARE REISSVERSCHLÜSSE

Mit einem sichtbaren Reißverschluss in der Seitennaht eines figurbetonten Shiftkleids lässt sicht die Formgebung perfektionieren.

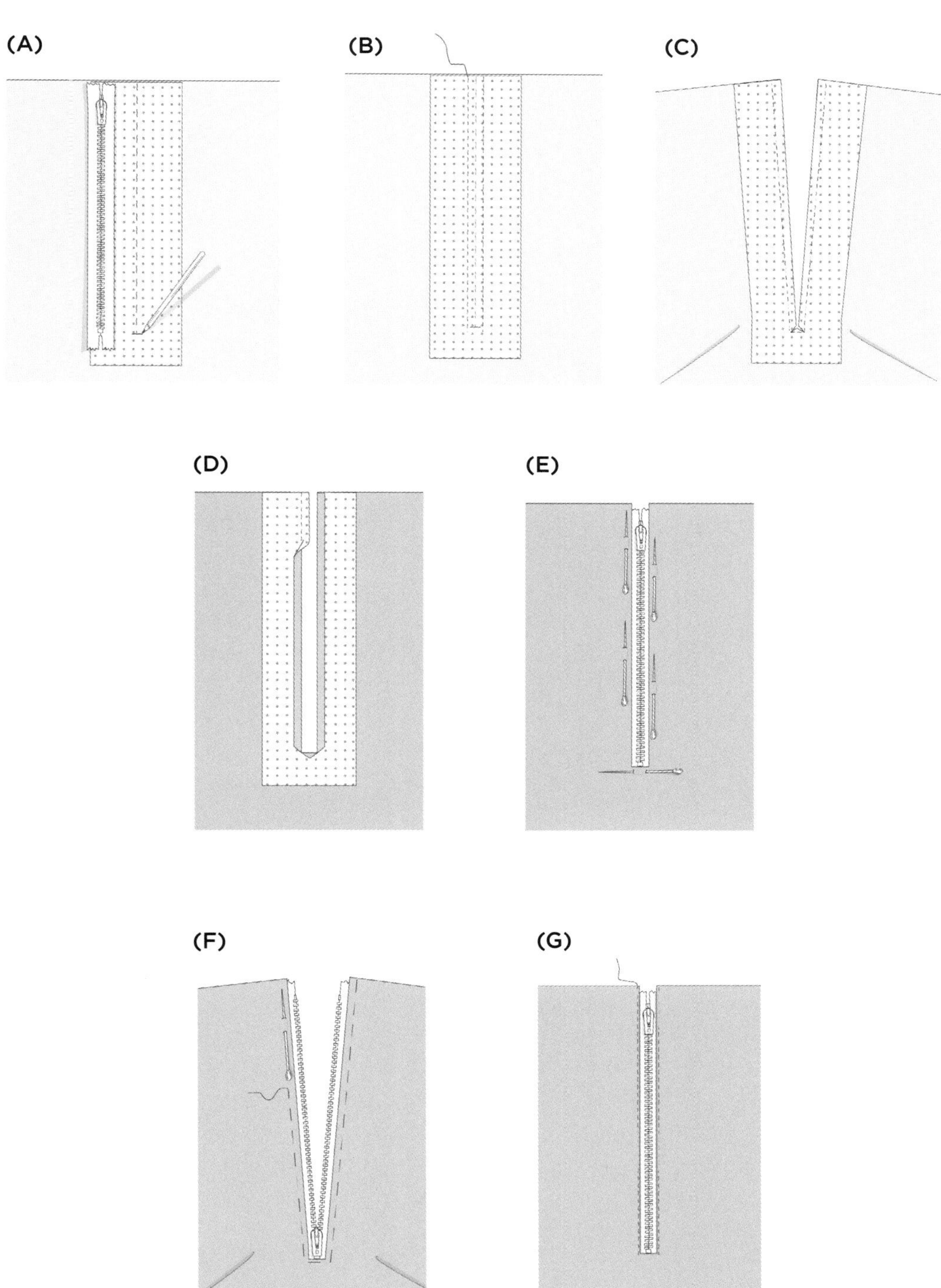
(A)
(B)
(C)
(D)
(E)
(F)
(G)

DRUCKKNÖPFE

Druckknöpfe gibt es aus Kunststoff oder Metall, in verschiedenen Größen und in runder oder eckiger Form. Sie bestehen aus einem Oberteil mit Dorn und einem Unterteil mit Näpfchen. Beide Teile zusammen ergeben einen sicheren Verschluss.

1 Legen Sie die entsprechenden Stoffteile aufeinander und stechen Sie dort, wo ein Druckknopf liegen soll, mit einer Stecknadel durch beide Lagen. Markieren Sie die entsprechenden Stellen. **(A)**

2 Das Oberteil des Druckknopfs wird auf die linke Stoffseite genäht, das Unterteil auf die rechte. Fädeln Sie passendes Nähgarn in die Nadel und sichern Sie den Nahtanfang.

3 Halten Sie das Oberteil des Druckknopfs fest und nähen Sie es fest, indem Sie mit der Nadel von unten her durch eine der Öffnungen und wieder zurück in den Stoff stechen. **(B)**

4 Nähen Sie durch jede Öffnung drei bis vier Stiche und sichern Sie die Naht mit einem Knoten.

5 Nähen Sie das Unterteil an der entsprechenden Stelle fest.

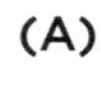

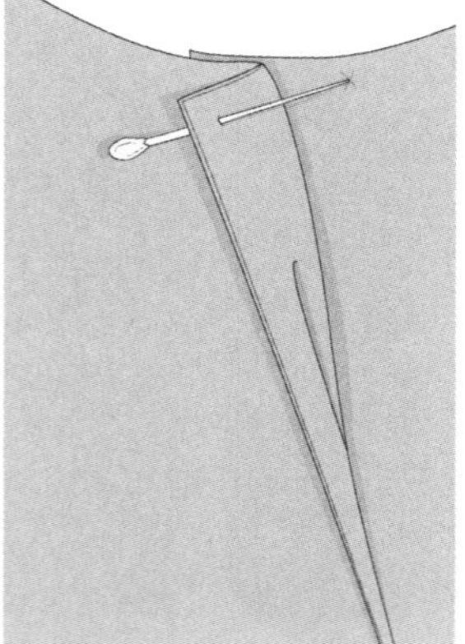

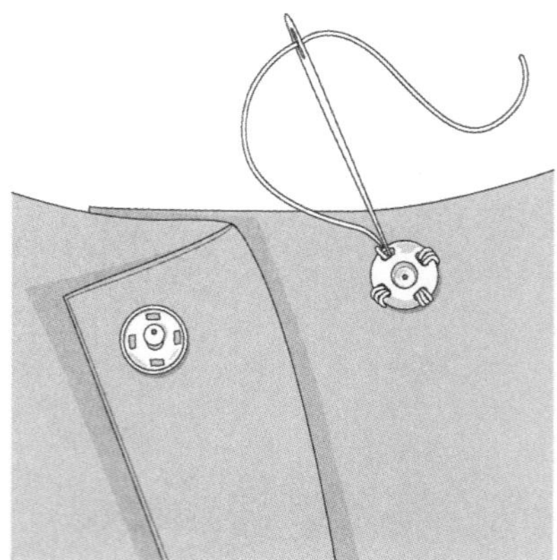

(A)

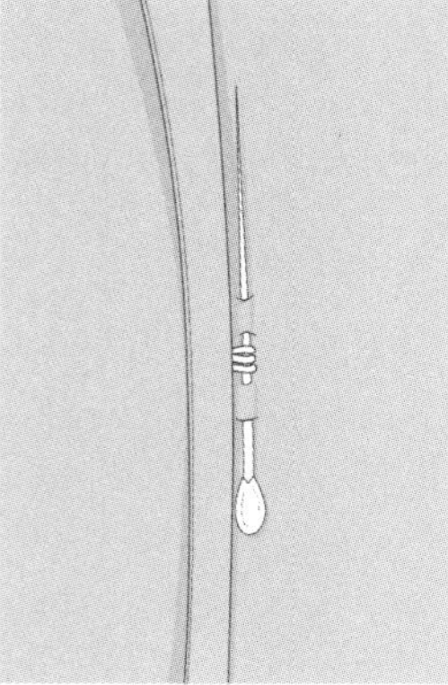

(B)

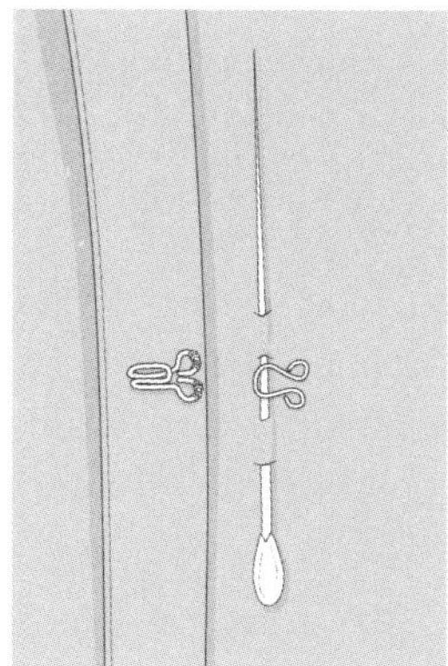

HAKEN UND ÖSEN

Diese kleinen Verschlusselemente werden ebenfalls paarweise verwendet. Zu jedem Haken gehört eine passende Öse, in die der Haken eingehängt wird.

1 Der Haken wird auf die Unterseite der Seite genäht, die beim verschlossenen Kleidungsstück über der anderen liegt. Markieren Sie den Befestigungspunkt und achten Sie darauf, dass der Haken bis knapp vor die Stoffkante reicht.

2 Arbeiten Sie mit doppeltem Faden und sichern Sie den Nahtanfang. Stechen Sie dann mit der Nadel beim Markierungspunkt durch.

3 Halten Sie das Hakenteil fest und nähen Sie es fest, indem Sie mit der Nadel durch eine der Befestigungsösen und dann durch den Stoff stechen. Machen Sie insgesamt vier Stiche.

4 Stechen Sie mit der Nadel zwischen den Stofflagen hindurch bis zum vorderen Teil des Hakens und nähen Sie ihn mit einigen Stichen fest. Stechen Sie dann mit der Nadel wieder zwischen den Stofflagen hindurch bis zur zweiten Befestigungsöse und nähen Sie sie mit vier Stichen fest.

5 Sichern Sie den Faden mit einigen winzigen Stichen. Stechen Sie mit der Nadel noch einmal zwischen den Stofflagen durch und schneiden Sie den Faden ab. Das Fadenende ist dann nicht mehr sichtbar.

6 Legen Sie die beiden Stoffteile aufeinander und schlagen Sie die Stoffkante mit dem Haken etwas zurück. Markieren Sie mit einer Stecknadel die genaue Position der Öse. **(A & B)**

7 Sichern Sie den Nahtanfang und nähen Sie die Ösen genauso fest wie zuvor den Haken. Achten Sie darauf, dass die Öse fest sitzt. Sichern Sie das Nahtende und schneiden Sie den Faden wie vorher beschrieben ab.

KNÖPFE

Knöpfe gibt es in vielen verschiedenen Farben, Formen und Größen. Sie dienen als Verschlusselemente und werden auch als Verzierung eingesetzt.

Ein Knopfloch nähen

Befolgen Sie die Anleitung Ihrer Nähmaschine zum Nähen von Knopflöchern. Markieren Sie die Position der Knöpfe auf dem Stoff und nähen Sie dann die Knopflöcher an den entsprechenden Stellen.

Einen Knopf annähen

1 Arbeiten Sie mit einem farblich passenden Nähgarn und mit einem aufgedoppelten oder doppelt eingefädelten Faden (siehe Seite 38).

2 Markieren Sie die Knopfposition je nach Lage des Knopflochs. Sichern Sie den Nahtanfang auf der linken Seite des Kleidungsstücks dicht neben der Knopfposition.

3 Stechen Sie durch den Stoff zur rechten Seite und ziehen Sie den Faden erst durch das eine, dann das andere Knopfloch. Halten Sie den Knopf leicht schräg, damit zwischen Stoff und Knopf ein wenig Abstand ist und nähen Sie den Knopf mit fünf bis acht Stichen fest – je nachdem, wie fest er sitzen muss.

4 Stechen Sie zum Schluss mit der Nadel zur rechten Stoffseite durch und wickeln Sie den Faden einige Male um den Fadenstiel zwischen Knopf und Stoff, damit der Knopf beweglich bleibt. Bei dicken Stoffen achten Sie darauf, dass der Stiel genügend Länge hat. Legen Sie dazu ein Streichholz oder eine Haarklammer auf den Knopf, bevor Sie ihn annähen **(A)**. Durch diesen Trick bleibt der Fadenstiel ausreichend lang und der Knopf lässt sich später leicht durch das Knopfloch in der oberen Stofflage ziehen. Ziehen Sie das Streichholz zum Schluss wieder heraus und heben Sie den Knopf an, damit Sie den Fadenstiel gut umwickeln können. **(B)**

(A)

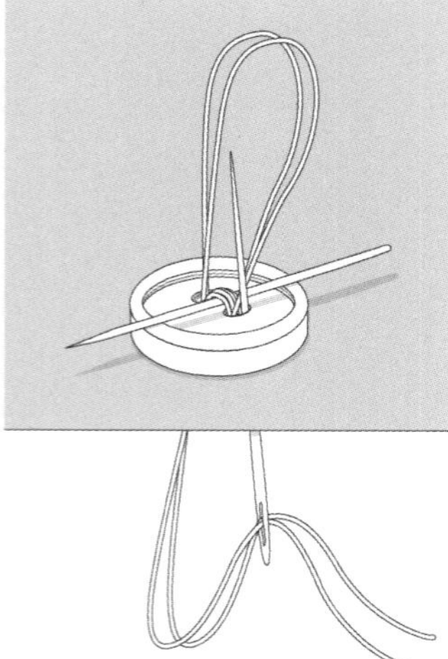

(B)

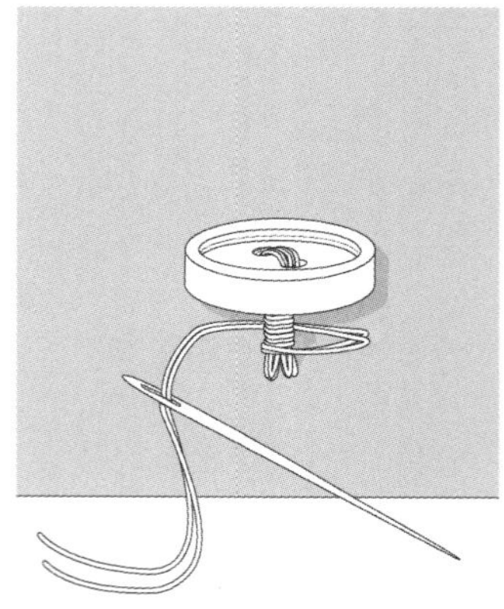

Garnschlingen herstellen
Für einen Knopfverschluss braucht man nicht unbedingt ein Knopfloch, denn eine gehäkelte Garnschlinge erfüllt dieselbe Funktion. Eine kleine Garnschlinge kann auch die Öse bei einem Hakenverschluss ersetzen.

1 Nähen Sie zuerst den Knopf an, denn von ihm hängt ab, wie lang die Garnschlinge sein muss.

2 Fädeln Sie farblich passendes Garn in die Nadel und sichern Sie den Anfang der Garnschlinge auf der linken Seite des Kleidungsstücks.

3 Für die Garnschlinge wird eine Luftmaschenkette mit den Fingern gehäkelt. Nähen Sie dafür zuerst eine Fadenschlinge. **(A)**

4 Halten Sie mit Daumen und Zeigefinger die Schlinge auf und greifen Sie mit dem Daumen und Zeigefinger der anderen Hand durch die Schlinge hindurch. Ziehen Sie den Faden durch die Schlaufe straff, sodass sich am unteren Ende ein Knoten bildet. **(B)**

5 Wiederholen Sie diesen Schritt so oft, bis die gewünschte Länge erreicht ist. Ziehen Sie dann zum Sichern des Endes die Nadel durch die letzte Schlinge.

6 Stechen Sie mit der Nadel an der Endposition der Schlinge durch den Stoff, machen Sie ein paar kleine Stiche und ziehen Sie das Garnende zwischen die beiden Stofflagen.

7 Sichern Sie das Garnende auf der linken Stoffseite.

(A)

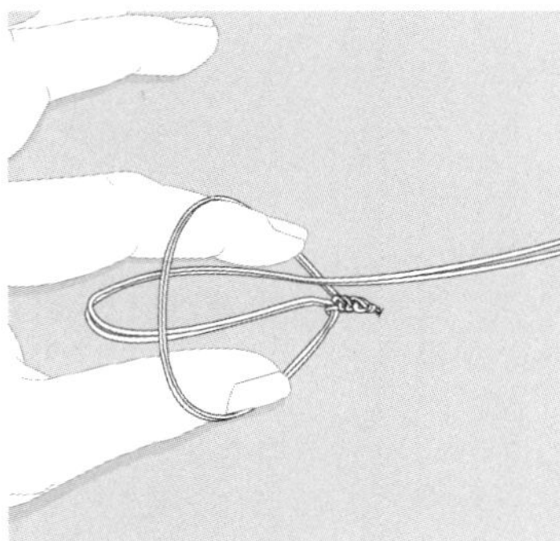

(B)

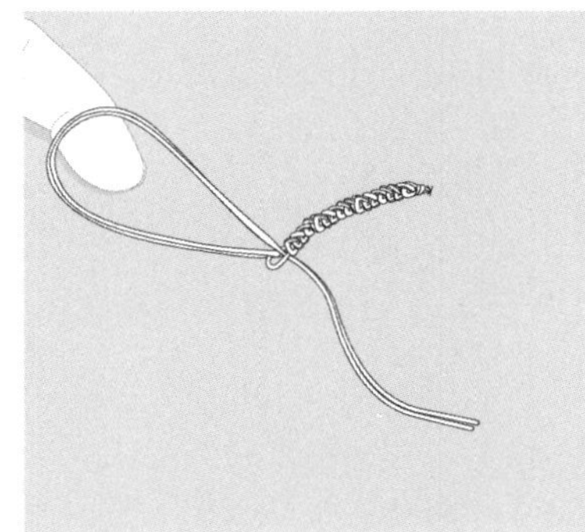

Taschen

Taschen passen zu jedem Kleidungsstück – egal ob sie in der Naht versteckt oder ganz dekorativ auf den Stoff gesetzt werden. Außerdem sind sie absolut praktisch! Von den vielen Varianten stellen wir hier unsere vier Lieblingstaschen vor.

Aufgesetzte Tasche

Bei einer aufgesetzten Tasche handelt es sich um ein separates Stück Stoff, das auf die Außenseite eines Kleidungsstücks genäht wird.

1 Schneiden Sie die Tasche aus dem Stoff aus.

2 Falten Sie eine Kante 2,5 cm rechts auf rechts um und falten Sie dann die Kante wieder 6 mm zurück. Das ist der obere Abschluss der Tasche. Bügeln Sie diese Kante.

3 Nähen Sie die obere Kante genau auf der Nahtlinie an beiden Seiten fest und sichern Sie Nahtanfang und -ende. **(A)**

4 Schneiden Sie die beiden oberen Ecken zurück.

5 Verstürzen Sie den oberen Abschluss auf rechts und drücken Sie die Ecken gut heraus. Stecken Sie die Kante fest, steppen Sie sie knappkantig ab und bügeln Sie sie. **(B)**

6 Falten Sie die beiden Längskanten jeweils 6 mm nach innen um und die untere Kante 1 cm. Damit die Ecken schön werden, falten Sie erst die Spitzen nach innen und dann die seitlichen bzw. die untere Kante. Alle Kanten bügeln, feststecken und heften. **(C)**

7 Stecken Sie die Tasche auf das Kleidungsstück. **(D)**

8 Steppen Sie die Tasche knappkantig fest. Fangen Sie in einer oberen Ecke an und nähen Sie ein kleines Dreieck. Nähen Sie dann die drei Seiten fest und lassen Sie die Naht wieder in einem kleinen Dreieck enden.

9 Entfernen Sie die Heftnaht und bügeln Sie die gesamte Tasche.

TIPP FÜR AUFGESETZTE TASCHEN

Aufgesetzte Taschen müssen nicht rechteckig sein – Sie können sie auch rund, rautenförmig oder z. B. mit einer Bogenkante gestalten. Das beschriebene Grundprinzip bleibt aber gleich.

(A)

(B)

(C)

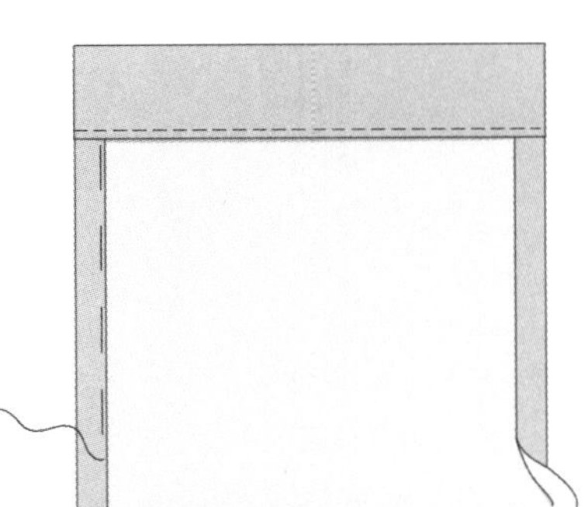

(D)

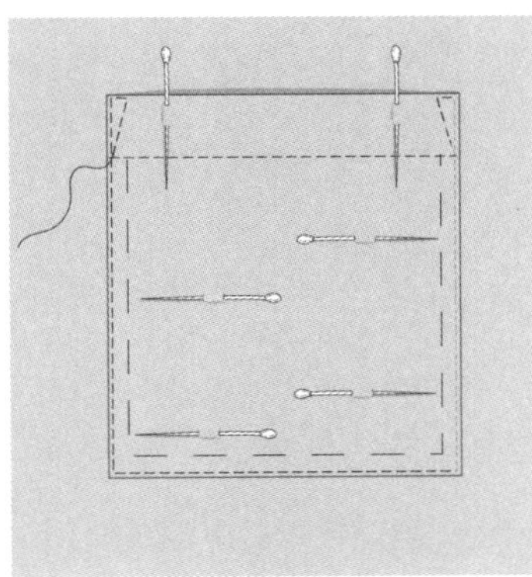

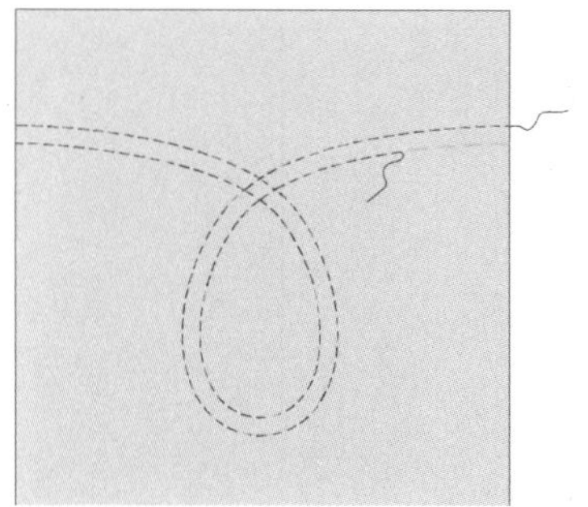

AUFGESETZTE TASCHEN VERZIEREN

Verzierungen verleihen einer aufgesetzten Tasche Pfiff, müssen aber vor dem Aufnähen gearbeitet werden. Hier ist alles möglich – von einfachen Nähten bis hin zu komplexen Stickmotiven. Lassen Sie sich in Geschäften oder online inspirieren.

1 Übertragen Sie das Motiv mit Trickmarker, Kreide oder Transferpapier auf den Stoff. Das Motiv darf nicht in die Nahtzugaben hineinreichen.

2 Verstärken Sie den Stoff auf links mit einer Bügeleinlage.

3 Fädeln Sie Nähgarn in der gewünschten Farbe in die Nähmaschine und legen Sie los.

4 Bügeln Sie die Tasche und nähen Sie sie dann auf das Kleidungsstück.

TIPP FÜR EINE PLASTISCHE WIRKUNG

Sie erzielen eine besondere Tiefenwirkung, wenn Sie zwei Garne in die Nähnadel fädeln. Das funktioniert auch gut beim Jeanssaum!

NAHTZUGABEN GESTUFT ZURÜCKSCHNEIDEN

Wenn Sie mit mehreren Stofflagen arbeiten, ist es ratsam, die Nahtzugaben gestuft zurückzuschneiden, damit keine dicken Wülste entstehen und der Stoff möglichst flach liegen kann.

Gestuft zurückschneiden

1 Schließen Sie die Naht und bügeln Sie sie.

2 Schneiden Sie die obere Nahtzugabe auf eine Gesamtbreite von 3 mm bis 1 cm zurück.

3 Schneiden Sie die nächste Nahtzugabe so zurück, dass sie etwas breiter ist.

4 Schneiden Sie alle Nahtzugaben entsprechend zurück. Die unterste Zugabe sollte noch etwa 6 mm bis 1,5 cm breit sein.

Ecken abschneiden

Bei Nähten, die im rechten Winkel aufeinandertreffen und bei Kragenecken sowie Bundecken ist es wichtig, dass die Nahtzugaben schräg zurückgeschnitten werden, damit die Ecken flach bleiben.

Innenrundungen einschneiden

Am Halsausschnitt und bei anderen Innenrundungen werden kleine Dreiecke aus den Nahtzugaben herausgeschnitten, damit die Nähte am Ende flach liegen.

Außenrundungen einschneiden

Beim Bubikragen und sonstigen Außenrundungen werden die Nahtzugaben mit kleinen Schnitten eingeschnitten, damit keine Spannung im Stoff entsteht und sich die Naht nicht verzieht.

Nahttaschen

Eine Nahttasche sitzt fast unsichtbar in der Seitennaht des Kleidungsstücks. Verwenden Sie die entsprechende Schnittvorlage des Shiftkleids und passen Sie die Taschengröße Ihrer Hand an.

1 Schneiden Sie für jede Tasche zwei Teile aus und übertragen Sie alle Markierungen und Einsetzzeichen.

2 Legen Sie ein Taschenteil rechts auf rechts auf das Vorderteil und achten Sie darauf, dass die Passzeichen korrekt ausgerichtet sind. Stecken Sie das Teil fest. Achten Sie darauf, dass der Taschenbeutel in Richtung Saumkante zeigt. **(A)**

3 Legen Sie das zweite Taschenteil auf das Rückenteil und stecken Sie es fest.

4 Nähen Sie beide Teile mit einer Nahtzugabe von 1 cm zwischen den jeweiligen Einsetzzeichen auf dem Oberstoff fest.

5 Klappen Sie die Taschenteile zur Seite und bügeln Sie jeweils die Naht. Fixieren Sie beide Teile durch eine Naht auf der Nahtzugabe. **(B)**

6 Nähen Sie Vorder- und Rückenteil mit 1,5 cm Nahtzugabe zusammen. Arbeiten Sie von der oberen Kante des Kleidungsstücks bis zur oberen Taschenmarkierung, nähen Sie dann um den Taschenbeutel herum bis zur unteren Markierung. Lassen Sie die Nadel im Stoff stecken und drehen Sie das Teil , sodass Sie die restliche Seitennaht gerade nach unten nähen können.

7 Schneiden Sie an der oberen und unteren Taschenmarkierung die Nahtzugaben bis knapp an die Nahtlinie ein. Bügeln Sie die Naht und versäubern Sie die Nahtzugaben. **(C)**

8 Wenden Sie das Kleidungsstück auf rechts und lassen Sie die Taschenbeutel innen. Bügeln Sie die Nähte und Taschen noch einmal sorgfältig, bevor Sie das Kleidungsstück fertig nähen.

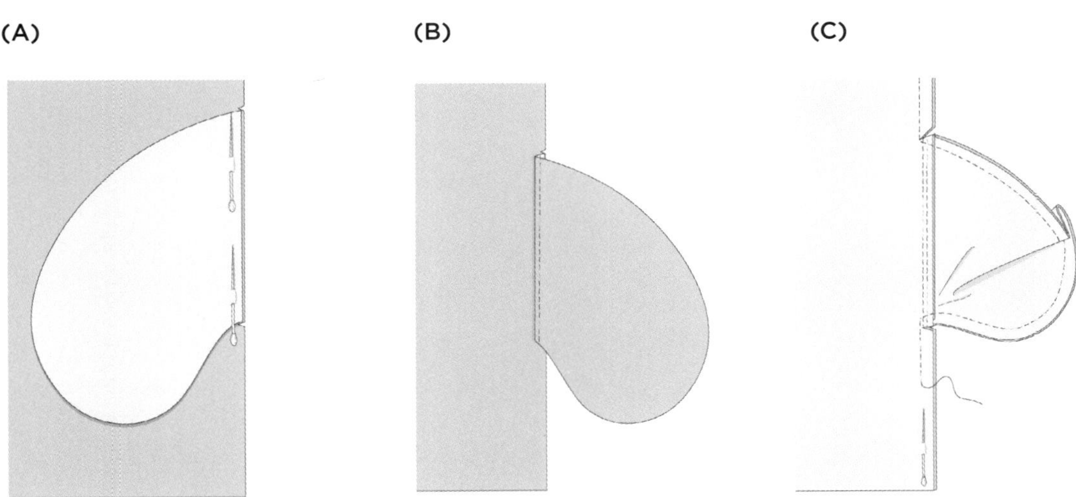

Schrägtaschen

Da bei Schrägtaschen der Tascheneingriff gut sichtbar ist, sind sie besonders für Hosen und Röcke geeignet. Sie sollten mit einer leichten Bügeleinlage verstärkt werden. Wir haben solche Taschen bei der Hose auf Seite 122 und dem Rock auf Seite 92 eingearbeitet.

1 Schneiden Sie alle Taschenteile aus. Sie benötigen das Vorderteil, den Taschenbeutel aus Futterstoff und die Hüftpasse aus Oberstoff.

2 Verstärken Sie die Eingriffskante des Taschenbeutels und des Vorderteils mit einer Stütznaht oder bügeln Sie ein Stück leichte Bügeleinlage auf, damit sie sich nicht verzieht.

3 Legen Sie den Taschenbeutel rechts auf rechts auf das Vorderteil. Stecken Sie ihn fest und nähen Sie ihn mit einer Nahtzugabe von 1,5 cm fest. Schneiden Sie die Nahtzugabe zurück, damit die Kante nicht zu dick wird. **(A)**

4 Klappen Sie den Taschenbeutel nach innen und bügeln Sie die Eingriffskante glatt.

5 Steppen Sie den Taschenbeutel auf der Nahtzugabe fest und bügeln Sie die Naht. **(B)**

6 Legen Sie das Hüftpassenteil rechts auf rechts auf den Taschenbeutel und achten Sie darauf, dass die Passzeichen aufeinandertreffen. Stecken Sie alle Lagen fest und nähen Sie sie entlang der Rundung zusammen. Versäubern Sie die Kanten.

7 Klappen Sie die Taschen unter das Vorderteil und bügeln Sie den gesamten Bereich. Eine Steppnaht entlang der Eingriffskante trägt dazu bei, dass die Tasche flach liegt und kann auch als Zierelement dienen. Ob eine solche Naht sinnvoll ist, hängt auch vom verwendeten Stoff ab. Beim gelben Minirock haben wir die Eingriffskante nicht abgesteppt, weil der Stoff relativ dick ist.

(A)

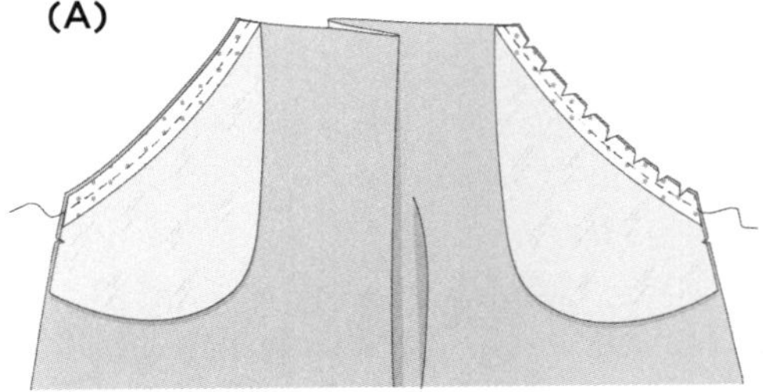

(B)

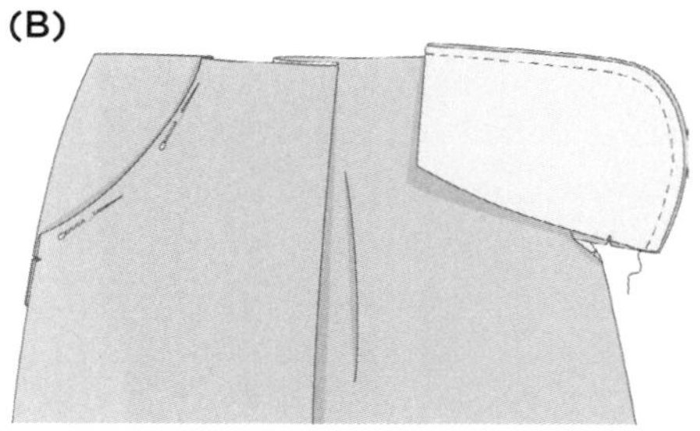

(C)

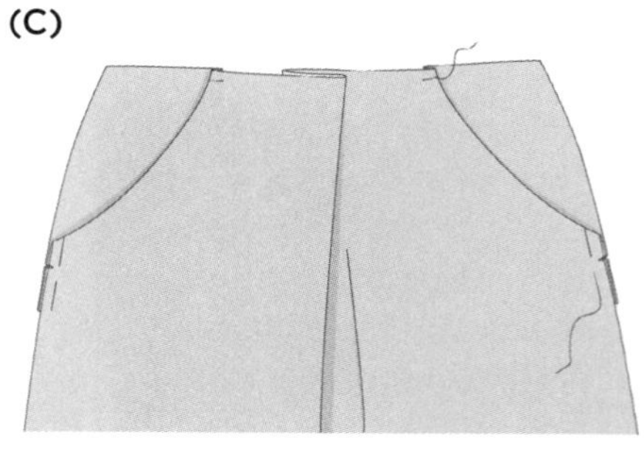

8 Achten Sie darauf, dass die Tasche flach liegt und heften Sie alle drei Lagen an der Taillenlinie und entlang den Seiten zusammen. Die Nähte werden fixiert, wenn Sie die Seitennähte schließen bzw. den Bund annähen. **(C)**

Paspeltaschen

Paspeltaschen findet man häufig auf hochwertigen und formellen Kleidungsstücken. Sie sind etwas komplizierter zu nähen als andere Taschen und man muss sehr sauber arbeiten, damit sie professionell aussehen. Es gibt Taschen mit einem und Taschen mit zwei Paspeln. Wir stellen hier die einseitige Paspeltasche vor, die auch Leistentasche genannt wird. Die Nähtechnik haben wir etwas angepasst, sodass die Tasche relativ leicht zu nähen ist und trotzdem professionell wirkt.

Für diese Tasche brauchen Sie eine leichte Bügeleinlage, ein Stück Futterstoff und etwas Oberstoff.

Wir haben die Paspeltasche in die Hose auf Seite 128 eingearbeitet und dort ein erweitertes Schnittteil als Vorlage für die Paspel und den Taschenbeutel verwendet. Wenn Sie den Taschenbeutel aus einem leichteren Stoff nähen möchten, verwenden Sie für die Paspel den Oberstoff und für den Taschenbeutel einen Futterstoff. Paspel und Beutel müssen dann zusammengenäht werden.

1 Übertragen Sie die Markierungen für die Taschenöffnung auf die linke Seite des Stoffteils. Wenn das Kleidungsstück Abnäher hat, müssen Sie diese zuerst nähen. Unser Hosenschnitt hat rückwärtige Abnäher.

2 Schneiden Sie die Paspel aus dem gewünschten Stoff aus. Er muss 5 cm länger sein als die Taschenöffnung und die doppelte Paspelbreite plus Nahtzugabe haben. Sie können für die Hose auch das erweiterte Schnittteil verwenden.

3 Schneiden Sie ein Stück Bügeleinlage etwa 6 cm lang und in der Breite der Paspel zu. Bügeln Sie es auf die linke Seite des Stoffteils über die eingezeichneten Markierungen. Übertragen Sie die Markierungen auf die Bügeleinlage und verbinden Sie die vier Eckpunkte mit Linien zu einem Rechteck.

4 Legen Sie das Paspelteil rechts auf rechts so unter den Stoff, dass es seitlich gleichmäßig über die Taschenmarkierungen hinausragt und nach oben hin etwa 2,5 cm über der Markierung liegt. Der Großteil des Paspelstoffs zeigt nach unten in Richtung Saumkante. **(A, nächste Seite)**

5 Stellen Sie eine Stichlänge von etwa 1,5 ein und nähen Sie alle Teile entlang den rechteckigen Markierungslinien (die die Taschenöffnung darstellen) zusammen. Nahtanfang und -ende werden nicht mit Rückstichen gesichert. Ziehen Sie stattdessen alle Fadenenden auf die linke Stoffseite, verknoten Sie sie mit der Hand und schneiden Sie den überstehenden Faden ab.

6 Zeichnen Sie auf der Bügeleinlage in der Mitte des genähten Rechtecks eine waagrechte

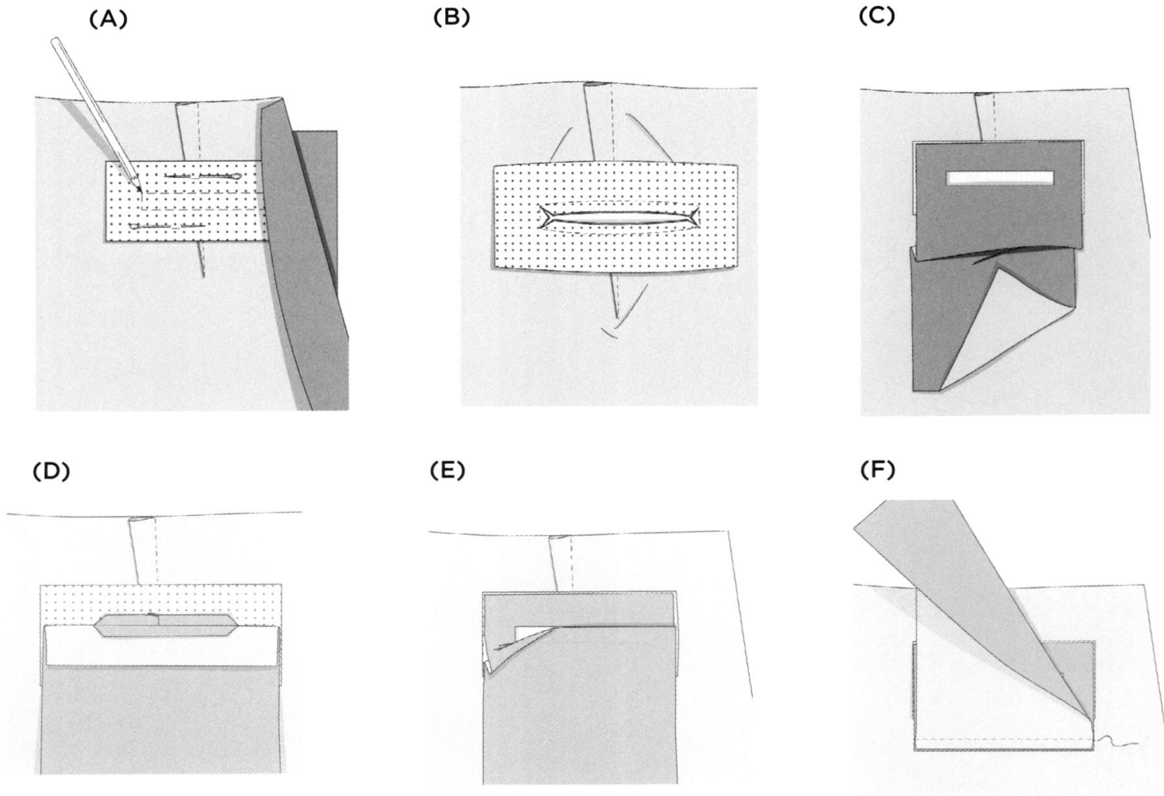

Linie ein, die an beiden Enden 1 cm vor der Nahtlinie endet. Zeichnen Sie von jedem Linienende schräge Linien bis in die jeweiligen Ecken.

7 Schneiden Sie die Mittellinie entlang bis in die Ecken, aber achten Sie darauf, dass Sie die Naht nicht durchtrennen. **(B)**

8 Ziehen Sie den Stoff durch die Taschenöffnung nach innen und bügeln Sie ihn. **(C)**

9 Klappen Sie an der oberen Kante der Taschenöffnung die Nahtzugabe auf und bügeln Sie sie. Falten Sie das Paspelteil entlang der Nahtlinie und bügeln Sie es, sodass sich eine gerade Kante ergibt. **(D)**

10 Klappen Sie auch unten die Nahtzugabe um und bügeln Sie sie.

11 Falten Sie das Paspelteil so nach oben um, dass die Bruchkante genau auf der Taschenöffnung liegt und bügeln Sie alles sorgfältig. **(E)**

Für einen Taschenbeutel aus Futterstoff schneiden Sie den Stoff genauso breit wie die Paspel und etwa 25 cm lang aus. Stecken Sie die Unterkante der Paspel rechts auf rechts auf eine Schmalseite des Futterstoffs und nähen Sie die Teile mit einer Nahtzugabe von 1 cm zusammen. Bügeln Sie die Nahtzugaben in die Paspel und falten Sie dann das Paspelteil wie bei Schritt 11 beschrieben nach oben um. **(F)**

(G) (H) (I)

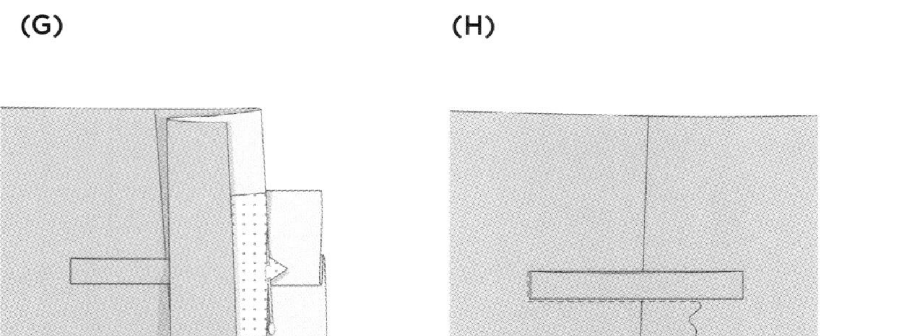

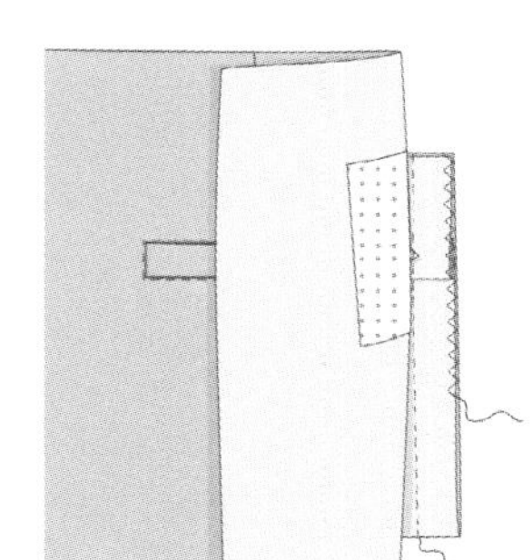

12 Wenden Sie das gesamte Teil auf rechts und klappen Sie die Stoffkante um, sodass die Faltkante der Paspel und das kleine Dreieck sichtbar werden. Achten Sie darauf, dass das kleine Dreieck straff gezogen ist und glatt auf dem Paspelstoff aufliegt. Schließen Sie die Seitennaht der Tasche mit einer senkrechten Naht, die über die Faltkante und das Dreieck verläuft, und achten Sie darauf, dass Sie den Oberstoff nicht mitfassen. Nähen Sie die zweite Taschenseite entsprechend. **(G)**

13 Nähen Sie auf der rechten Stoffseite entweder knappkantig oder im Nahtschatten um die Taschenöffnung herum. Beginnen Sie in einer Ecke und sichern Sie Nahtanfang und -ende nicht mit Rückstichen, sondern lassen Sie die Fadenenden lang. Ziehen Sie die Fäden zum Schluss auf die linke Seite durch, verknoten Sie sie und schneiden Sie die überstehenden Enden ab. **(H)**

14 Falten Sie die Unterkante der Tasche rechts auf rechts so nach oben, dass sie auf der Oberkante des Taschenteils liegt. Stecken und nähen Sie die Teile zusammen, versäubern Sie die Kanten und bügeln Sie sie. **(I)**

15 Steppen Sie die Oberkante des Taschenbeutels knappkantig auf die darunterliegende Nahtzugabe und bügeln Sie die Naht.

1

ÄRMELLOSES OBERTEIL

Dieses ärmellose Oberteil aus feinem Stretchjersey ist sehr vielseitig tragbar und somit das perfekte Key-Piece für Ihre Capsule Wardrobe. Es ist schnell genäht und wirkt mit einem Rückenteil im Ringerstil besonders interessant. Es kommt ohne komplizierte Verschlüsse aus und ist figurnah geschnitten. Wenn Sie einen etwas weiteren Schnitt bevorzugen, nähen Sie als Variante das Trägershirt, das lockerer sitzt und im Rücken etwas schmaler gestaltet ist.

GRUNDMODELL

Dieses Oberteil ist ärmellos, sitzt eng und geht bis zur unteren Hüftlinie.

Es hat:

- einen tiefen Halsausschnitt
- einen Rücken im Ringerstil.

VARIANTE

Das Trägershirt ist ärmellos, sitzt locker und geht bis zur oberen Hüftlinie.

Es hat:

- weitere Armausschnitte
- einen besonders schmalen Steg im Rücken.

EMPFOHLENE STOFFE

Zu diesem Oberteil passen leichte bis mittelschwere Jerseystoffe. Vermeiden Sie Stoffe, die besonders fein sind oder sich extrem dehnen, weil sie schwierig zu verarbeiten sind. Wir verwenden für das Grundmodell einen hellgrauen Double-Jersey und für das zweite Modell einen leichten dunkelgrauen Baumwolljersey.

Hell-
grau
Türkis
Baumwoll-
Jersey
Dunkel-
grau

Schnittvorlage

Das Oberteil hat zwei Schnittteile.

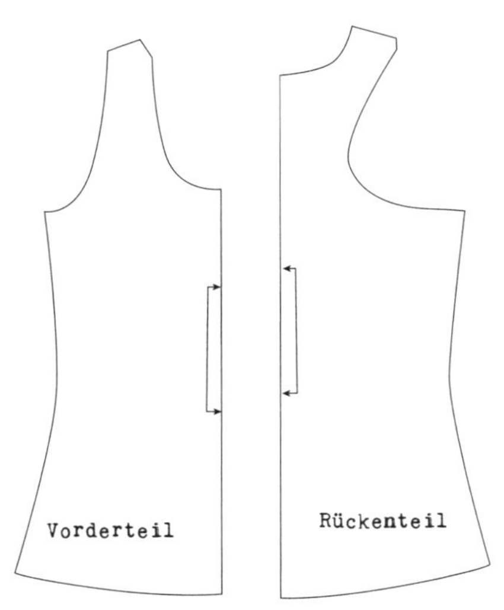

ZUSCHNEIDEN:
1x VORDERTEIL IM STOFFBRUCH
1x RÜCKENTEIL IM STOFFBRUCH

Vorbereiten

Nehmen Sie Maß (siehe Seite 12) und passen Sie die Schnittvorlage nach Bedarf an (siehe Seite 16). Wir empfehlen ein Testmodell, bevor Sie das Kleidungsstück zuschneiden (siehe Seite 18).

Zuschneideplan

So legen Sie die Schnittvorlage auf den Stoff.

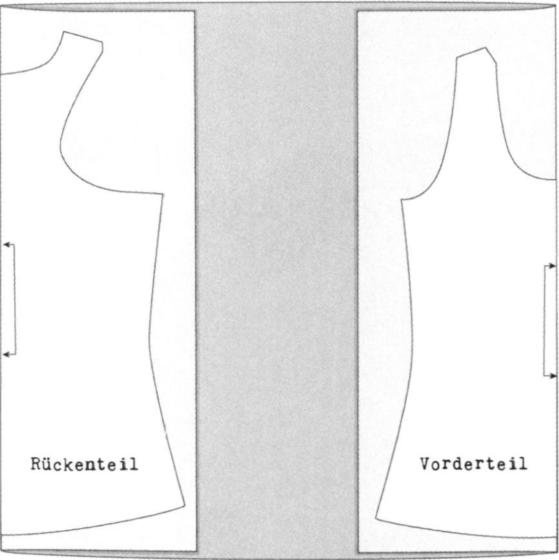

STOFFMENGE

Jerseystoffe sind meist 140 cm breit.

GRÖSSE	**1-6**
140 cm	68 cm

GRÖSSENÜBERSICHT

GRÖSSE	**1**	**2**	**3**	**4**	**5**	**6**
BRUSTWEITE	81 cm	86,5 cm	91,5 cm	96,5 cm	101,5 cm	106,5 cm
TAILLENWEITE	61 cm	66 cm	71 cm	76 cm	81 cm	86.5 cm
HÜFTWEITE	84 cm	89 cm	94 cm	99 cm	104 cm	109 cm

FERTIGE MASSE

Beim ärmellosen Oberteil ergibt sich die Bewegungszugabe aus der Dehnbarkeit des Jerseystoffs, deshalb entsprechen die fertigen Maße den oben angegebenen Maßen.

Pausen Sie alle Schnittteile vom Original ab, dann haben Sie immer eine Grundversion, mit der Sie weiterhin arbeiten können.

TIPPS FÜR NEUE SCHNITTVORLAGEN

Beschriften Sie neue Schnittvorlagen immer sofort. Notieren Sie die Modellbezeichnung und das Datum und fügen Sie eine kleine Skizze hinzu, damit Sie die Vorlagen problemlos zuordnen können.

NÄHANLEITUNG FÜR DAS ÄRMELLOSE OBERTEIL

SIE BRAUCHEN

Alle Schnittvorlagen • Schnittmusterpapier • Papierschere • Werkzeug zum Übertragen von Markierungen und Passzeichen • Stoffschere • Stecknadeln • Jerseystoff • Nähgarn • Jerseynadel • Zwillingsjerseynadel

VORBEREITEN

1 Übertragen Sie die Konturen aller benötigten Schnittvorlagen auf einen neuen Bogen Papier. Schneiden Sie die neuen Teile aus. Der Originalschnitt bleibt intakt.

2 Falten Sie den Stoff rechts auf rechts, wie im Zuschneideplan auf Seite 70 gezeigt.

3 Legen Sie die Schnittvorlagen auf den Stoff, achten Sie auf den Fadenlauf und legen Sie die mit „Stoffbruch“ bezeichneten Kanten genau auf den Stoffbruch.

4 Stecken Sie alle Teile fest und schneiden Sie sie aus.

5 Übertragen Sie alle Markierungen und Passzeichen auf den Stoff (siehe Seite 17) und nehmen Sie dann die Schnittvorlagen ab.

EINZELTEILE ZUSAMMENNÄHEN

6 Legen Sie die Teile so aufeinander, dass die Passzeichen an den Schulter- und Seitennähten zusammentreffen und stecken Sie sie fest.

7 Setzen Sie eine Jerseynadel ein, nehmen Sie farblich passendes Nähgarn und stellen Sie einen schmalen Zickzackstich ein, damit sich die Naht leicht dehnen kann. Testen Sie die Naht zuerst auf einem Stoffrest.

8 Schließen Sie die Schulter- und Seitennähte mit einer Nahtzugabe von 1,5 cm. Die Nahtzugabe ist in der Schnittvorlage bereits enthalten. **(A)**

9 Wenn Sie einen besonders feinen Jerseystoff verwenden, schneiden Sie die Nahtzugaben auf 5 mm zurück, um das Volumen zu reduzieren.

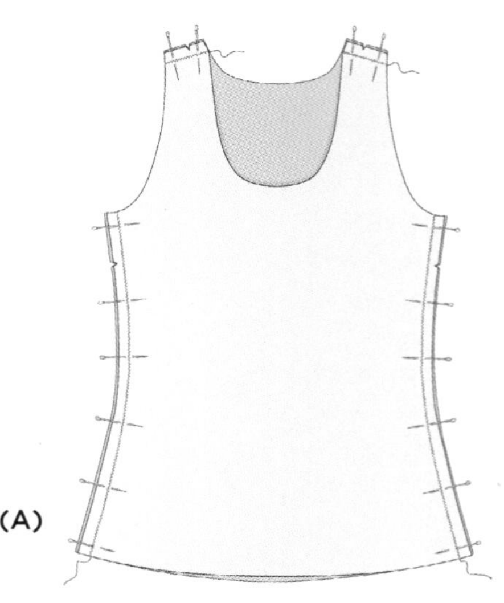

(A)

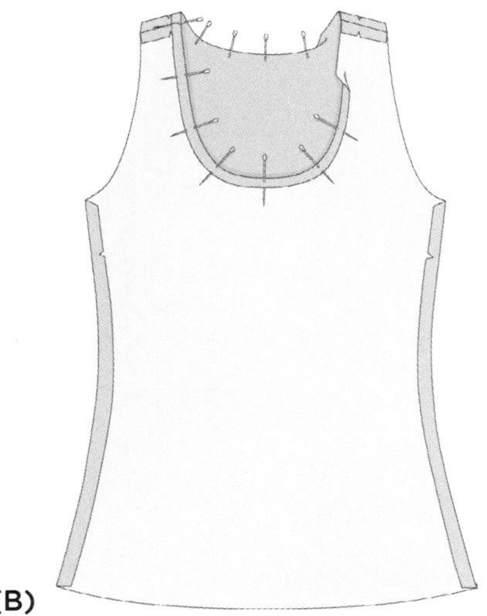

(B)

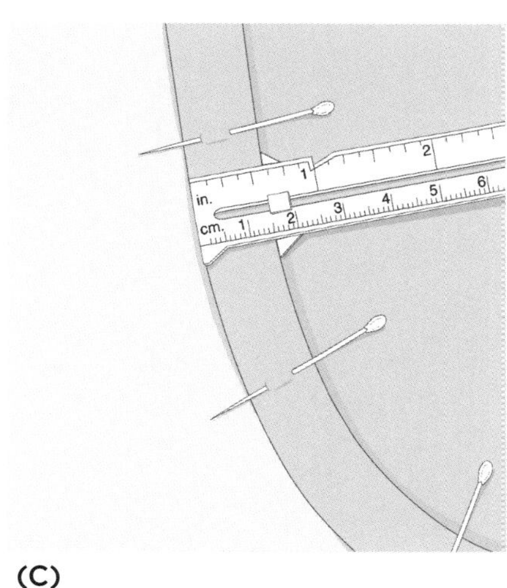

(C)

KANTEN VERSÄUBERN

10 Setzen Sie die Zwillingsjerseynadel ein und fädeln Sie passendes Nähgarn ein.

11 Stellen Sie einen Geradstich ein und machen Sie auf einem Stoffrest eine Probenaht.

12 Bearbeiten Sie den Halsausschnitt von der linken Seite aus. Falten Sie die Stoffkante 1,5 cm nach innen um und stecken Sie sie fest. Die Stecknadeln liegen dabei rechtwinklig zur Kante und mit dem Kopf nach außen, sodass Sie sie beim Nähen leicht herausziehen können. Arbeiten Sie mit einem Handmaß, damit die Kante überall gleich breit ist. **(B & C)**

13 Wenden Sie das Teil auf rechts und steppen Sie die Ausschnittkante fest. Achten Sie auf einen gleichmäßigen Kantenabstand, sodass der Unterfaden die Stoffkante erfasst und versäubert. Schneiden Sie die Überstände nach Bedarf ab. **(D)**

14 Nähen Sie die beiden Armausschnitte entsprechend.

15 Für die untere Saumkante sind 2,5 cm vorgesehen, doch Sie können Sie auch etwas breiter machen. Schlagen Sie die Stoffkante nach innen und versäubern Sie sie wie oben beschrieben.

TIPP FÜR DAS NÄHGARN

Spulen Sie etwas Garn auf eine Ersatzspule und verwenden Sie diese für die Nähte mit der Zwillingsnadel, dann müssen Sie nicht zwei gleiche Garnspulen kaufen.

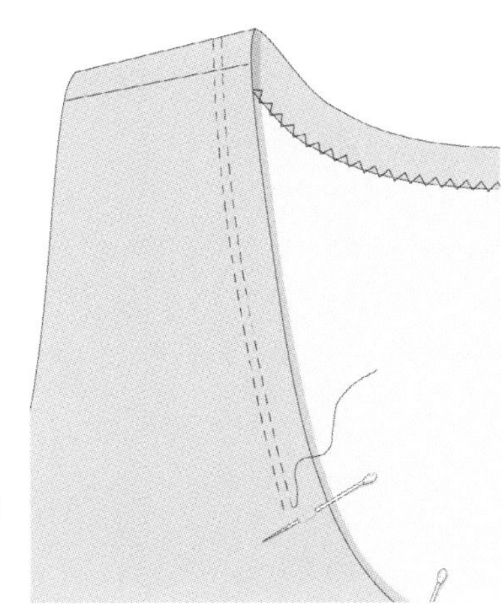

(D)

Variante

TRÄGERSHIRT

Dieser legere Look ergibt sich, wenn das Grundmodell mehr Bequemlichkeitszugabe erhält und der Hals- und die Armausschnitte erweitert werden.

Schnittvorlage und Zuschneideplan
Verwenden Sie den Grundschnitt für das ärmellose Oberteil (siehe Seite 70). Erstellen Sie erst die neue Schnittvorlage und berechnen Sie dann den Stoffbedarf.

GRUNDSCHNITT ANPASSEN

1 Pausen Sie alle benötigten Schnittvorlagen auf neues Papier ab. Die Nahtzugaben bleiben bei 1,5 cm.

2 Markieren Sie am neuen Vorderteil die vordere Mitte, die gleich bleibt.

3 Zeichnen Sie mit Bleistift eine gestrichelte Linie im gewünschten Abstand zur seitlichen Nahtlinie. Unser Modell enthält seitlich eine Bewegungszugabe von 4 cm.

4 Verlegen Sie den unteren Punkt des Armausschnitts um 2,5 cm nach unten und zeichnen Sie einen neuen Armausschnitt ein. Folgen Sie dabei der ursprünglichen Rundung und gestalten Sie gleichzeitig den Träger schmaler.

5 Vergrößern Sie den Halsausschnitt anhand der ursprünglichen Rundung. Unser Halsausschnitt ist 2 cm tiefer.

6 Kürzen Sie das Teil um 5 cm und zeichnen Sie eine neue Saumlinie ein. **(A)**

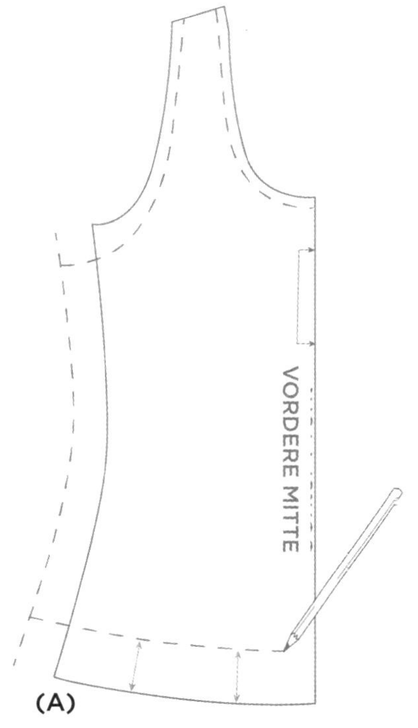

(A)

7 Prüfen Sie, ob alle Maße passen und verändern Sie sie nach Bedarf noch etwas.

8 Verändern Sie das Rückenteil entsprechend. Die hintere Mitte bleibt dabei gleich. **(B)**

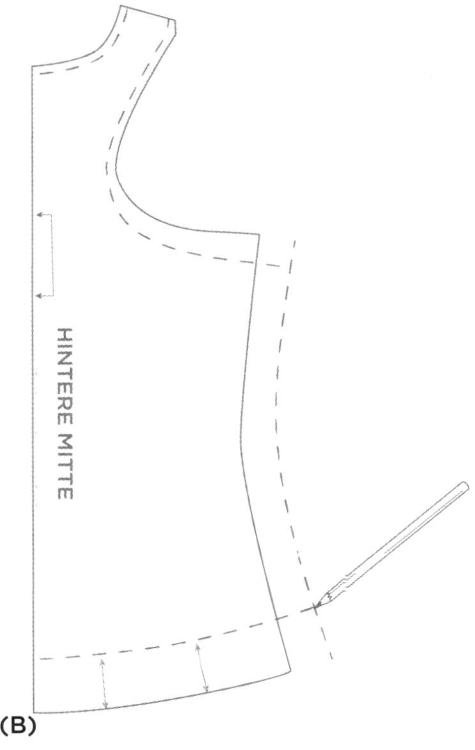

(B)

9 Achten Sie darauf, dass die Seitennähte gleich lang sind und die Träger gleich breit, damit sie zueinanderpassen.

10 Pausen Sie die neuen Schnittvorlagen auf neues Papier ab und übertragen Sie alle Markierungen und Passzeichen. Schneiden Sie die Vorlagen dann aus.

EINZELTEILE ZUSAMMENNÄHEN

11 Folgen Sie der Anleitung für das Grundmodell (siehe Seite 72).

Arbeiten Sie mit einem Handmaß, damit die Kante überall gleich breit ist.

VERARBEITUNG VON JERSEYSTOFFEN

Jerseystoffe müssen so verarbeitet werden, dass die Dehnfähigkeit des Materials erhalten bleibt. Davor scheuen viele zurück. Sie benötigen allerdings keine Overlockmaschine, denn auch Ihre normale Nähmaschine kann Jersey perfekt nähen. Es müssen nur ein paar Einstellungen angepasst werden. Und Sie sollten auf Stoffresten einige Probenähte nähen, damit alles klappt. Bei Nähten mit der Zwillingsnadel kann ein unregelmäßiges Nahtbild entstehen, wenn die Stofflagen zu dick sind. Manchmal entsteht auch ein kleiner Wulst, wenn die beiden Nähte zu eng beieinanderliegen.
Achten Sie bei den Probenähten auf folgende Punkte:

- **Führen Sie den Stoff mit einer ganz leichten Spannung unter der Nadel durch.**
- **Nähen Sie langsam.**
- **Verringern Sie die Fadenspannung.**
- **Passen Sie den Druck des Nähfußes an – zu wenig lässt den Stoff durchrutschen, zu viel überdehnt ihn.**

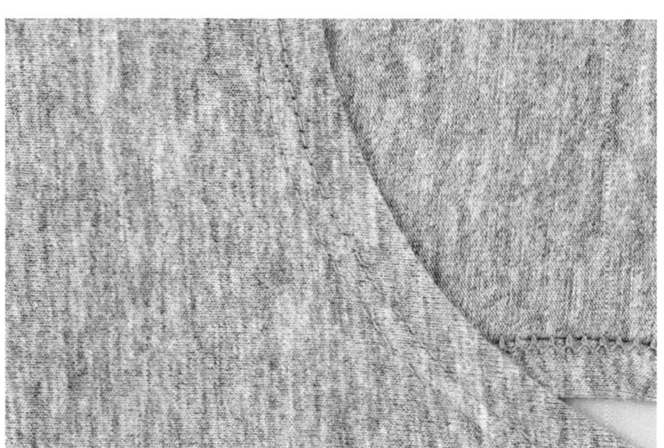

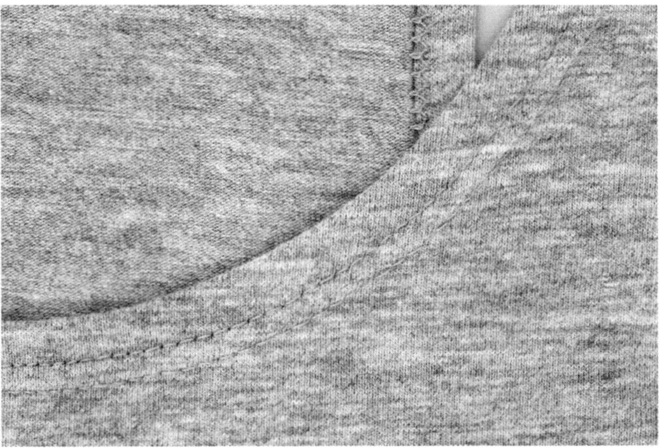

TIPP FÜR ZWILLINGSNADELN

Stellen Sie mit Zwillingsnadeln nie einen Zickzackstich ein, denn die Nadelspitzen würden auf die Stichplatte treffen und abbrechen.

Eigene Schnittabwandlung

JERSEYKLEID

Sie können das ärmellose Oberteil einfach verlängern und ein Maxikleid daraus machen. Das Kleid kann eng oder weit sein, je nachdem, wie viel Bewegungszugabe Sie einfügen.

Erstellen Sie zuerst die neuen Schnittvorlagen und berechnen Sie dann den Stoffbedarf. Wir empfehlen ein Testmodell (siehe Seite 18), bevor Sie das Kleidungsstück zuschneiden.

1 Sie brauchen drei Maße, um aus dem Oberteil ein Kleid machen zu können: Hüftweite, Taille bis Hüfte und Hüfte bis Saumkante. Auf Seite 13 wird das Maßnehmen erklärt.

2 Pausen Sie alle Schnittteile vom Original auf einen neuen Bogen Papier ab, der lang genug für das Kleid ist. Die Form ändert sich, die Nahtzugaben bleiben aber bei 1,5 cm.

3 Verlängern Sie das Vorderteil entlang der vorderen Mitte bis zur gewünschten Saumkante. Zeichnen Sie von diesem Punkt aus im rechten Winkel eine 50 cm lange Linie ein. Diese Linie ist nur eine Hilfslinie.

4 Zeichnen Sie die Länge von der Taille bis zur Hüfte ein und ergänzen Sie von diesem Punkt aus ebenfalls eine waagrechte Hilfslinie wie in Schritt 3. Teilen Sie Ihre Hüftweite durch 4 und tragen Sie dieses Maß von der vorderen Mitte aus auf der Hüftlinie ab. Das fertige Kleid würde jetzt eng anliegen. Wie viel Bewegungszugabe Sie brauchen, steht auf Seite 16. Der Jersey dehnt sich zwar, doch Sie wollen ja nicht, dass der Stoff am Körper klebt.

5 Zeichnen Sie eine gerundete Linie ein, die die Taille mit der Hüfte verbindet und die Körperkontur wiedergibt. Die Seitenlinie kann von der Hüfte aus gerade nach unten verlaufen oder etwas schräg ausgestellt werden. Das Kleid darf an der Saumkante nicht zu eng sein, ansonsten können Sie sich nur mit kleinen Tippelschritten vorwärtsbewegen. Sie können nach Bedarf einen seitlichen Schlitz einarbeiten (siehe Seite 96).

6 Wiederholen Sie die Schritte 3 bis 5 für das Rückenteil.

7 Achten Sie darauf, dass die seitlichen Nahtlinien bei beiden Teilen gleich lang sind. Die Nahtzugaben müssen 1,5 cm betragen und die Saumzugabe 2,5 cm.

8 Sie können auch den Hals- und die Armausschnitte beliebig anpassen und die Träger schmaler oder weiter machen. Anleitungen dazu finden Sie auf Seite 74.

9 Pausen Sie die neuen Schnittvorlagen auf einen neuen Bogen Papier ab und übertragen Sie alle Markierungen und Passzeichen. Schneiden Sie die Vorlagen dann aus.

10 Folgen Sie zum Nähen der Anleitung für das ärmellose Oberteil.

BEWEGUNGSZUGABE

Wenn Sie aus dem ärmellosen Oberteil ein Kleid machen und bei beiden Schnittteilen seitlich jeweils 2,5 cm Weite zugeben, wird das Kleid insgesamt um 10 cm weiter.

Soll das Kleid ganz locker sitzen, ziehen Sie an beiden Seiten jeweils eine gerade Linie vom unteren Punkt des Armausschnitts bis hinab zur Saumkante.

Wenn Sie anstatt der geraden Linie eine weit nach außen geschwungene Linie einzeichnen, entsteht eine V-Form. Das Kleid ist dann seitlich länger als an der vorderen bzw. hinteren Mitte. Experimentieren Sie ruhig ein bisschen und beginnen Sie mit einer sanft geschwungenen Linie. Nähen Sie ein Testmodell und passen Sie die Schnittvorlagen dann Schritt für Schritt an. Hier beginnt die schöne Arbeit eines Modedesigners.

TIPP FÜR DAS MASSNEHMEN

Um das Maß von der Taille bis zur Saumkante festzustellen, stellen Sie sich vor einen Spiegel und halten das Maßband so, dass die Null dort ist, wo der Saum sein soll. Dann können Sie das Maß direkt an der Taillenlinie ablesen, ohne sich zu bücken, und ohne Hilfsperson.

2

ROCK

IN DIESEM KAPITEL:

Ein Rock gehört einfach zu einer Capsule Wardrobe, er macht einen besonders schönen Eindruck und kann Ihren Look zu jeder Jahreszeit definieren. Unser Grundmodell schmeichelt jeder Figur: Es hat eine klassische Midilänge und ist ganz leicht ausgestellt. Sie können es aber in jeder beliebigen Länge arbeiten. Da wir Ihnen auch einmal ein etwas ungewöhnliches Material vorstellen möchten, haben wir den Rock aus Kunstleder genäht, das es inzwischen in vielen Farben gibt. Der weiter ausgestellte Minirock ist eine Variante, die ebenfalls zu fast jeder Figur passt und in einem leichten Leinenstoff oder einem etwas schwereren Wollstoff gut wirkt.

Material und Werkzeug
penco
Grundmodell
Variante: Minirock
SINGER
MASTER

GRUNDMODELL

Das Grundmodell hat Midilänge und eine hohe Taille.

Es hat:

- eine Gehfalte
- einen nahtverdeckten Reißverschluss
- und ist sehr leicht ausgestellt.

VARIANTE

Das zweite Modell ist ein ausgestellter Minirock mit niedriger Taille.

Es hat:

- seitliche Taschen
- einen nahtverdeckten Reißverschluss
- einen Schnitt in A-Linie.

EMPFOHLENE STOFFE

Zu beiden Modellen passen mittelschwere und schwere Stoffe. Für einen Sommerrock eignen sich auch leichtere Stoffe. Wir verwenden für das Grundmodell ein schokobraunes Lederimitat und für den Minirock eine Nylon/Wolle-Mischung.

Schnittvorlage

Der Rock hat zwei Schnittteile.

ZUSCHNEIDEN:

1x VORDERE ROCKBAHN IM STOFFBRUCH
2x RÜCKWÄRTIGE ROCKBAHN

Für den Besatz samt Bügeleinlage wird eine eigene Schnittvorlage erstellt. Insgesamt besteht die Schnittvorlage also aus vier Einzelteilen.

Vorbereiten:

Nehmen Sie Maß (siehe Seite 12) und passen Sie die Schnittvorlage nach Bedarf an (siehe Seite 16). Wir empfehlen ein Testmodell, bevor Sie das Kleidungsstück zuschneiden (siehe Seite 18).

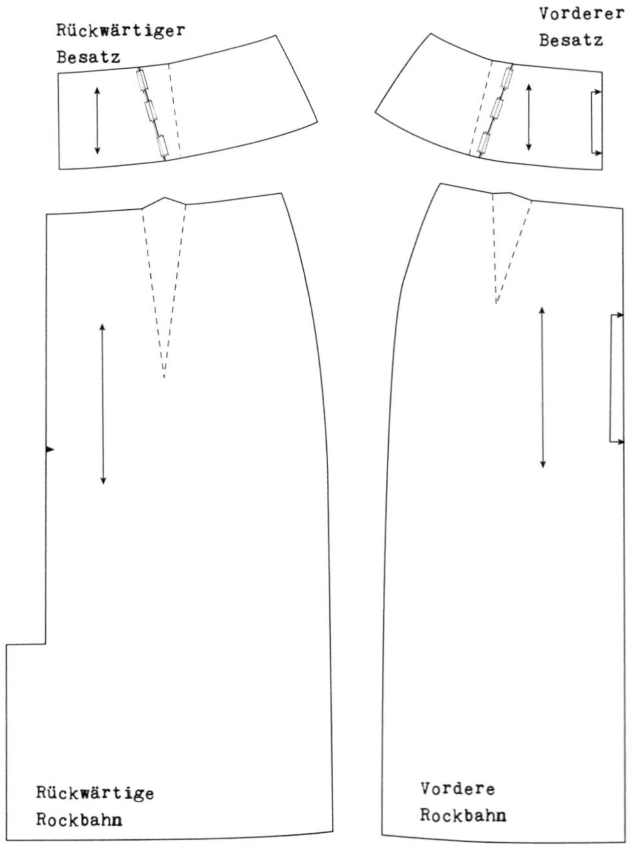

GRÖSSENÜBERSICHT

GRÖSSE	**1**	**2**	**3**	**4**	**5**	**6**
TAILLENWEITE	61 cm	66 cm	71 cm	76 cm	81 cm	86,5 cm
HÜFTWEITE	84 cm	89 cm	94 cm	99 cm	104 cm	109 cm

FERTIGE MASSE

Die Bewegungszugabe für den Rock beträgt an der Taille 4 cm und an der Hüfte 6,5 cm.

GRÖSSE	**1**	**2**	**3**	**4**	**5**	**6**
TAILLENWEITE	65 cm	40 cm	75 cm	81 cm	85 cm	90,5 cm
HÜFTWEITE	90,5 cm	95,5 cm	100,5 cm	105,5 cm	110,5 cm	115,5 cm

Zuschneideplan

So legen Sie die Schnttvorlage auf den Stoff.

Stoffbreite 115 cm

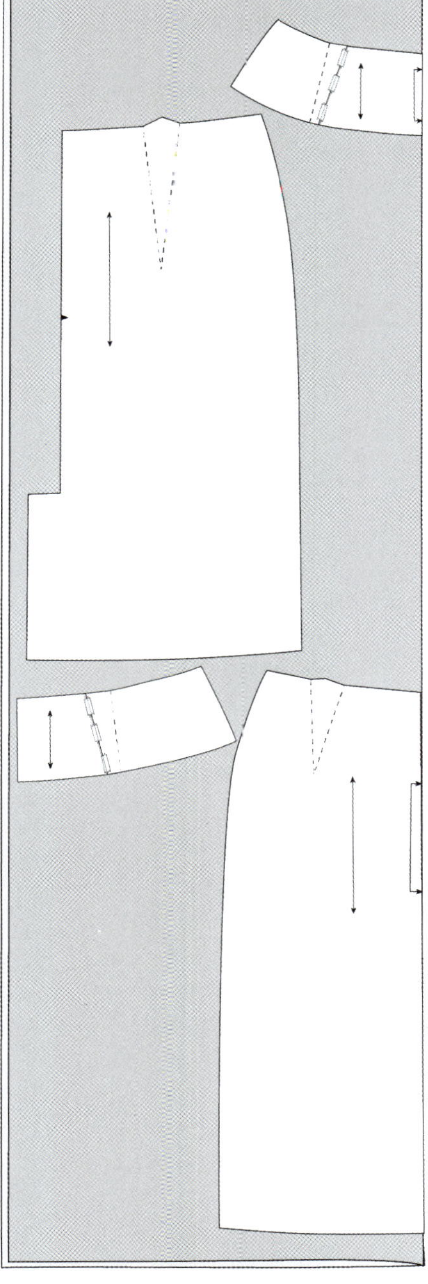

Stoffbreite 140 cm

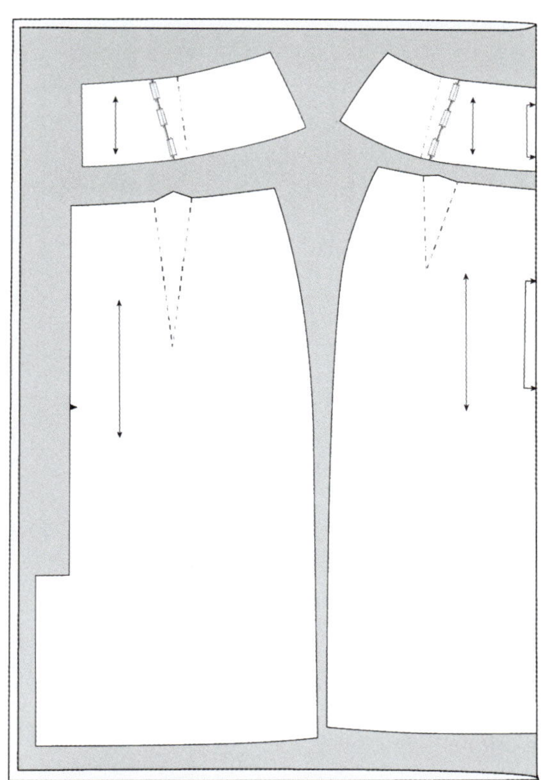

STOFFMENGE

Der Stoff für den Besatz ist bereits berücksichtigt.

GRÖSSE	115 cm Breite	140 cm Breite
1	181 cm	102 cm
2	181 cm	102 cm
3	181 cm	102 cm
4	181 cm	102 cm
5	181 cm	102 cm
6	181 cm	102 cm

NÄHANLEITUNG FÜR DEN ROCK

SIE BRAUCHEN

Alle Schnittvorlagen • Schnittmusterpapier • Papierschere • Klebeband • Werkzeug zum Übertragen von Markierungen • Stoffschere • Stecknadeln • Stoffgewichte, falls Sie mit Leder oder Kunstleder arbeiten, denn Stecknadeln würden Löcher hinterlassen • Stoff bzw. (Kunst-)Leder • Stoff in Kontrastfarbe für den Besatz (optional) • Nähgarn • 0,25 cm Bügeleinlage, die für das gewählte Material geeignet ist • 20 cm langen Reißverschluss in einer passenden Farbe • Haken und Öse

VORBEREITEN

1 Übertragen Sie die Konturen aller benötigten Schnittvorlagen auf einen neuen Bogen Papier. Schneiden Sie die neuen Teile aus. Der Originalschnitt bleibt intakt.

2 Bevor Sie die Vorlagen auf den Stoff legen, müssen Sie die Besätze anfertigen. Zeichnen Sie dazu in passendem Abstand von der Taillenlinie an beiden Teilen eine parallele Hilfslinie ein. Bei unserem Rock beträgt der Abstand 10 cm, doch sie können den Besatz auch länger machen, z. B. damit er nicht durchscheint, falls Sie einen leichten Stoff verwenden. **(A)**

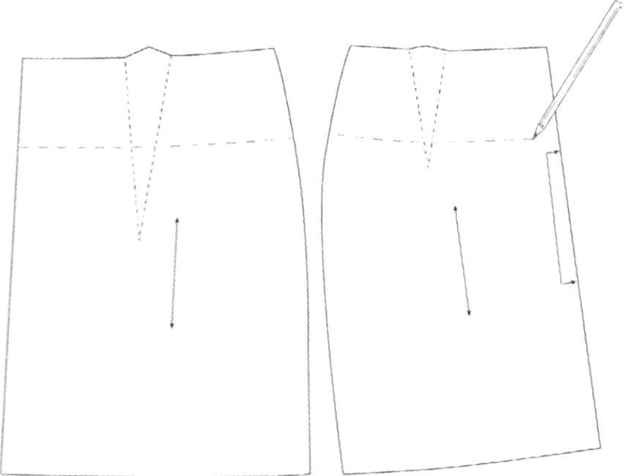

(A)

3 Übertragen Sie die Teile sowie die Markierungen für Abnäher, Fadenlauf und Stoffbruch auf einen neuen Bogen Papier und schneiden Sie die Teile aus. **(B)**

4 Legen Sie bei beiden Vorlagen den Abnäher zu und stecken bzw. kleben Sie ihn fest. So entfernen Sie beim Besatz die Mehrweite des Oberstoffs und der Rock wird später in der Hüfte optimal sitzen. Entlang der oberen bzw. unteren Kante müssen Sie eventuell überstehendes Papier abschneiden. **(C)**

5 Wenn alle vier Schnittvorlagen fertig sind, falten Sie den Stoff rechts auf rechts, wie im Zuschneideplan auf Seite 85 gezeigt. Legen Sie die Schnittvorlagen auf den Stoff, achten Sie auf den Fadenlauf und legen Sie die mit „Stoffbruch" bezeichneten Kanten genau auf den Stoffbruch. Stecken Sie alle Teile fest und schneiden Sie sie aus. Übertragen Sie alle Markierungen undPasszeichen (siehe Seite 17) und nehmen Sie dann die Schnittvorlagen ab.

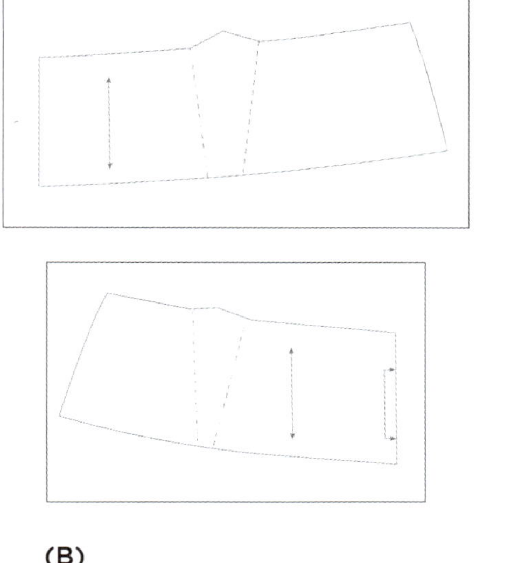

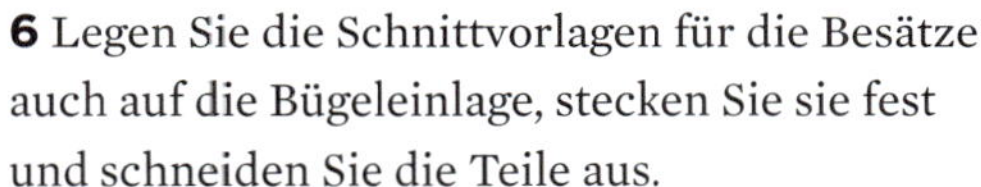

(B)

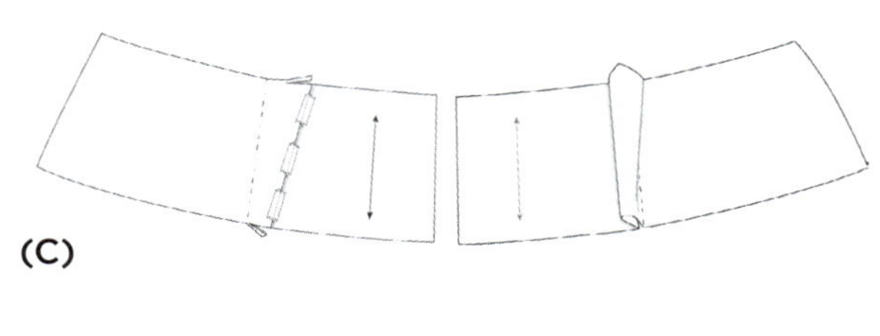

(C)

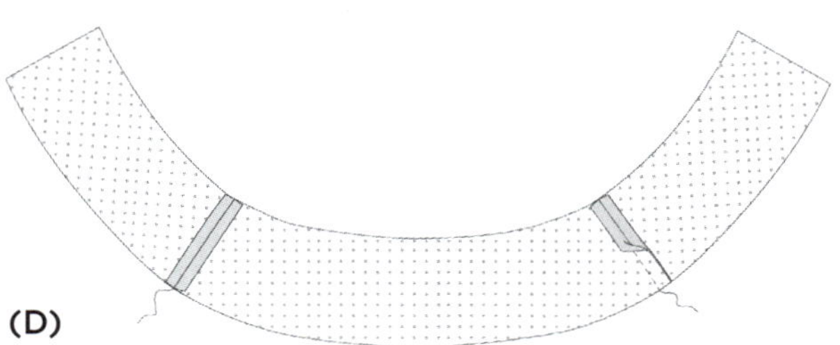

(D)

6 Legen Sie die Schnittvorlagen für die Besätze auch auf die Bügeleinlage, stecken Sie sie fest und schneiden Sie die Teile aus.

BESATZ ZUSAMMENNÄHEN

7 Bügeln Sie die Einlagen auf den jeweiligen Besatz und folgen Sie dabei den Anweisungen des Stoffherstellers. Nähen Sie dann die Besätze an den Seiten zusammen und lassen Sie die rückwärtige Mitte offen. Bügeln Sie die Nahtzugaben auseinander und versäubern Sie die Kanten. **(D)**

ABNÄHER EINARBEITEN

8 Legen Sie den Stoff im Bereich eines Abnähers rechts auf rechts, sodass die Abnähermarkierungen aufeinandertreffen. Stecken Sie die Stofflagen mit einer Stecknadel zusammen und platzieren Sie an der Abnäherspitze eine zweite Stecknadel. Ziehen Sie von der Markierung an der Taillenlinie eine gerade Nahtlinie bis zur Abnäherspitze. **(E)**

9 Nähen Sie den Abnäher, beginnen Sie auf der Nahtzugabe mit einigen Sicherungsstichen und nähen Sie über die Abnäherspitze hinaus. Verknoten Sie die beiden Fadenenden an der Abnäherspitze und schneiden Sie sie ab. So wird das Nahtende gesichert und die Abnäherspitze wirkt sehr professionell. Bügeln Sie die Naht aus, bügeln Sie dann den Abnäher in Richtung Seitennaht. Leder bzw. Kunstleder lässt sich

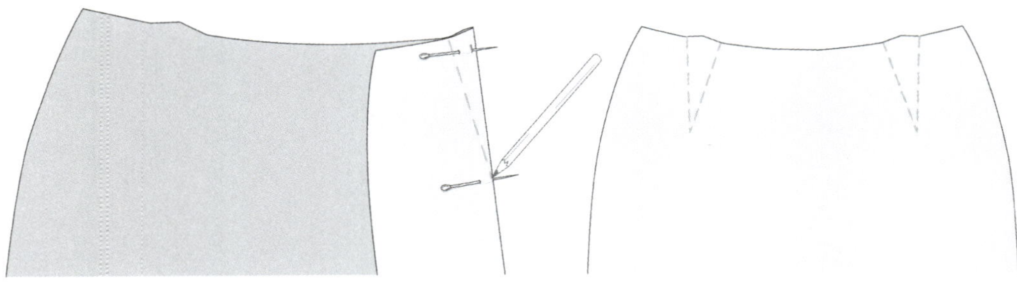

(E)

nur schwer bügeln. Verwenden Sie dabei auf jeden Fall ein Bügeltuch, um die Oberfläche zu schützen.

10 Wiederholen Sie die Schritte 8 und 9 für den zweiten Abnäher im Vorderteil und die beiden rückwärtigen Abnäher.

GEHFALTE VORBEREITEN

11 Säumen Sie die offene Längskante der Gehfalte bis 2,5 cm oberhalb der Saumkante des Rockes. Beim Säumen des Rockes wird der untere Teil dann mitverarbeitet. Wenn Sie jetzt schon die gesamte Längskante säumen, lässt sich zwar am Ende der Rocksaum schneller fertigstellen, doch an der Gehfalte kann sich eine unschöne, dicke Stelle ergeben.

12 Falten Sie die offenen Kanten 5 mm um, dann noch einmal 5 mm, bügeln Sie sie aus und nähen Sie sie fest. Da wir Kunstleder verwenden, das nicht ausfranst, haben wir die untere Stoffkante nicht versäubert. Wir haben sie einfach gerade abgeschnitten und die Länge der Gehfalte am Ende angeglichen.

REISSVERSCHLUSS EINSETZEN

13 Setzen Sie den unsichtbaren Reißverschluss ein, wie auf Seite 46 beschrieben.

14 Schließen Sie die rückwärtige Naht bis zur Markierung für die Gehfalte und sichern Sie das Nahtende.

GEHFALTE NÄHEN

15 Nachdem die rückwärtige Naht bis zur Markierung für die Gehfalte geschlossen wurde, müssen Sie die Gehfalte oben mit einer schrägen Naht schließen. Zeichnen Sie die Nahtlinie mit Kreide ein. Messen Sie an der Stoffkante 4 cm von oben her ab und verbinden Sie diesen Punkt mit dem Faltenansatzpunkt. **(F)**

16 Nähen Sie die Gehfalte vom unteren Punkt der rückwärtigen Naht aus entlang der eingezeichneten Kreidelinie zu. **(G)**

17 Arbeiten Sie von der linken Stoffseite aus und bügeln Sie die Gehfalte nach links. Achten Sie darauf, dass sie glatt aufliegt. Stecken Sie sie fest oder fixieren Sie sie mit etwas Klebeband.

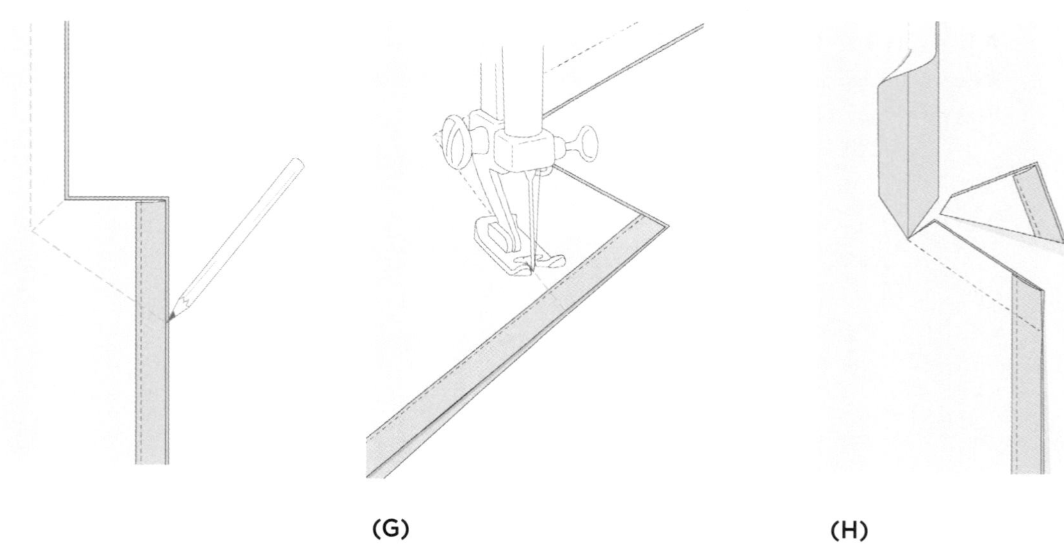

(F) **(G)** **(H)**

Achten Sie darauf, dass auf der rechten Seite die rückwärtige Mitte der Gehfalte exakt senkrecht verläuft.

18 Wenn Sie mit der Gehfalte zufrieden sind, nähen Sie von der linken Stoffseite aus noch einmal über die diagonale Nahtlinie und nähen damit die Gehfalte am rückwärtigen Rockteil fest. Da diese Naht auf der rechten Seite sichtbar ist, sollten Sie besonders sorgfältig arbeiten.

19 Schneiden Sie am Knickpunkt der Naht die Nahtzugabe bis knapp an die Nahtlinie ein und kürzen Sie die Nahtzugaben. Drücken Sie die Nahtzugaben auseinander und versäubern Sie sie einzeln oder gemeinsam, je nachdem, wie dick der verwendete Stoff ist. **(H)**

20 Arbeiten Sie von der rechten Stoffseite aus und sichern Sie den obersten Punkt der Gehfalte mit einigen Handstichen. Es reichen zwei bis drei Stiche an der Stelle, an der sich die Falte unterhalb der rückwärtigen Naht öffnet. Dadurch wird dieser Übergang stabiler. **(I)**

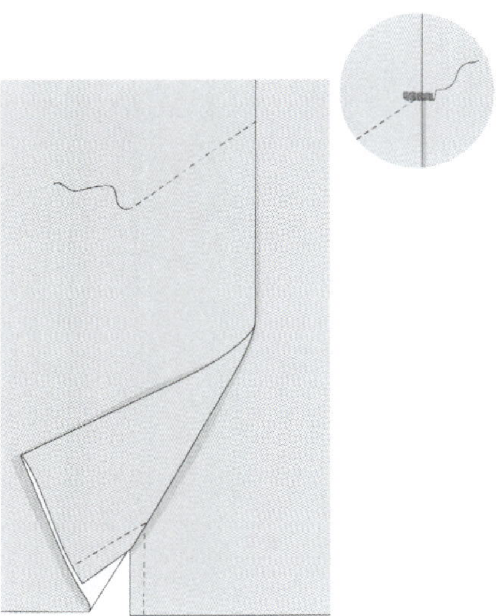

(I)

EINEN SCHLITZ EINARBEITEN

Ein seitlicher oder rückwärtiger Schlitz lässt sich leicht einarbeiten. Das geht auch noch, wenn die einzelnen Rockteile schon zusammengenäht sind, allerdings nicht mehr, wenn die Saumkante fertig ist. Der Schlitz muss so lang sein, dass sie bequem gehen können, dass aber nicht zu viel Haut gezeigt wird.

1 Wenn der Rock genäht, aber noch nicht gesäumt ist, markieren Sie den obersten Punkt des Schlitzes mit einer Stecknadel. Die Nahtzugaben sollten schon versäubert und auseinandergebügelt sein.

2 Steppen Sie die Nahtzugabe im Abstand von 1 cm zur Nahtlinie auf den Oberstoff. Beginnen Sie am Saum, nähen Sie nach oben, dann quer über den obersten Punkt des Schlitzes und nähen Sie die zweite Seite wieder bis zum Saum hinunter.

3 Trennen Sie die ursprüngliche Naht im Schlitzbereich auf. Säumen Sie den Rock zum Schluss wie gewünscht.

ROCKTEILE ZUSAMMENNÄHEN

21 Stecken sie die vordere und die rückwärtigen Rockbahnen rechts auf rechts zusammen bzw. fixieren Sie sie mit etwas Klebeband. Schließen Sie die Seitennähte gemäß den Passzeichen. Bügeln Sie die Nahtzugaben auseinander und versäubern Sie die Kanten.

22 Wenden Sie den Rock auf rechts und öffnen Sie den Reißverschluss.

23 Stecken Sie den Besatz rechts auf rechts auf den Rock bzw. fixieren Sie ihn mit Klebeband. Achten Sie darauf, dass die Nahtzugaben bei den Seitennähten offen sind, die Nahtzugaben an der rückwärtigen Naht aber umgeschlagen wurden. Nähen Sie den Besatz an den Rock. **(J)**

24 Bügeln Sie die Nahtzugaben in den Besatz hinein. Schneiden Sie je nach Stoffart die Nahtzugaben gestuft zurück und schneiden Sie sie ein, sodass der Besatz flach liegt. (siehe Seite 60). **(K)**

25 Untersteppen Sie den Besatz und bügeln Sie die Naht aus. Klappen Sie dann die Nahtzugabe an der rückwärtigen Mitte nach innen, sodass der Besatz knapp vor den Reißverschlusszähnchen abschließt. Nähen Sie den Besatz mit einigen Leiterstichen fest. **(L)**

26 Nähen Sie den Besatz auch an der Nahtzugabe der Seitennähte mit einigen Handstichen fest, damit er nicht verrutscht. Nähen Sie an der rückwärtigen Mitte oben einen Haken und eine Öse fest (siehe Seite 55).

SAUMKANTE NÄHEN

27 Bei unserem Rock aus Kunstleder franst die Kante nicht aus, daher haben wir ihn nicht gesäumt. Wenn Sie den Rock aus Stoff nähen, bügeln Sie die Kante 5 mm nach innen um, schlagen Sie sie dann um weitere 2 cm ein und bügeln die Kante noch einmal.

28 Nähen Sie die Saumkante mit der Hand oder Maschine fest, je nach Stoffart (siehe Seite 44 und 45).

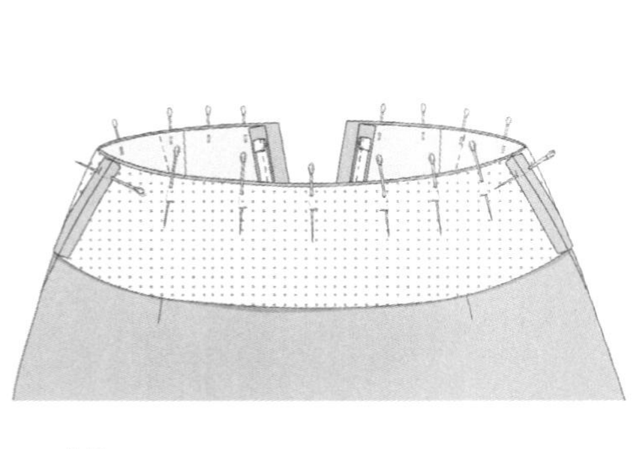

(J)

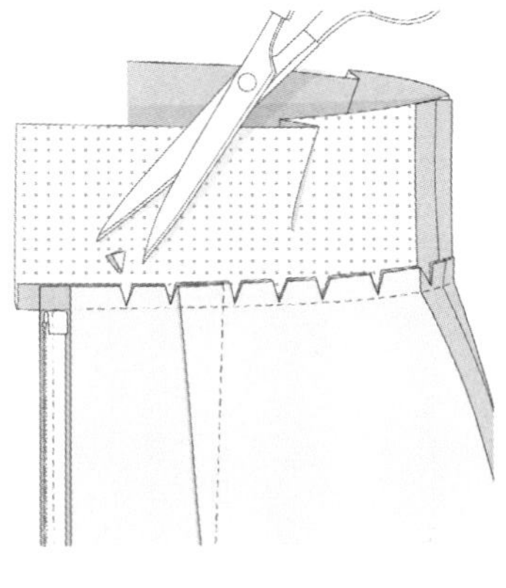

(K)

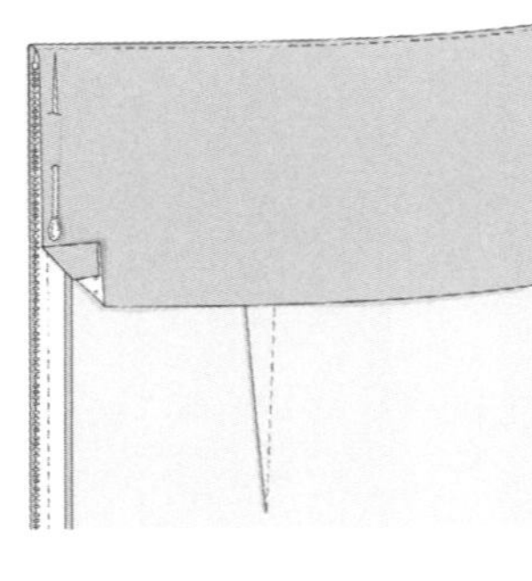

(L)

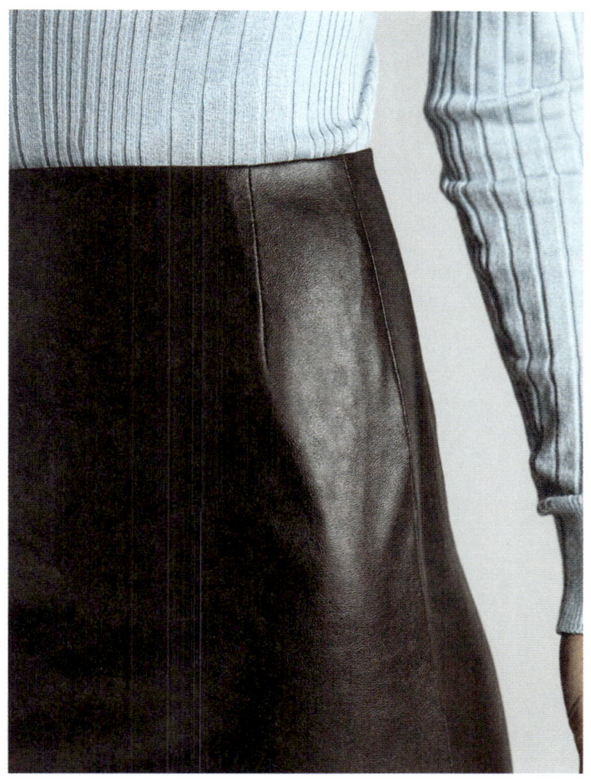

TIPPS FÜR DEN UMGANG MIT KUNSTLEDER

Wenn Sie mit Kunstleder oder ähnlichen Materialien arbeiten, fixieren Sie es mit Klebeband, denn Stecknadeln würden Löcher hinterlassen.

Kunstleder franst nicht aus, daher müssen Sie es nicht versäubern und auch nicht säumen.

Variante

AUSGESTELLTER MINIROCK

Unser zweites Modell ist ein leichter Minirock für den Sommer. Er ist kürzer als das Grundmodell, sitzt auf der Hüfte, ist in einer leichten A-Linie geschnitten und hat seitliche Taschen.

Zuschneideplan

So legen Sie die Schnttvorlagen auf den Stoff

Stoffbreite 115 cm

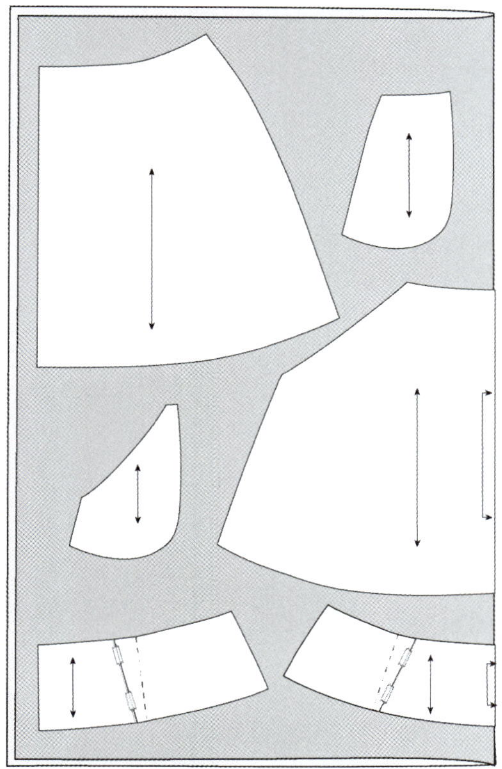

Stoffbreite 140 cm

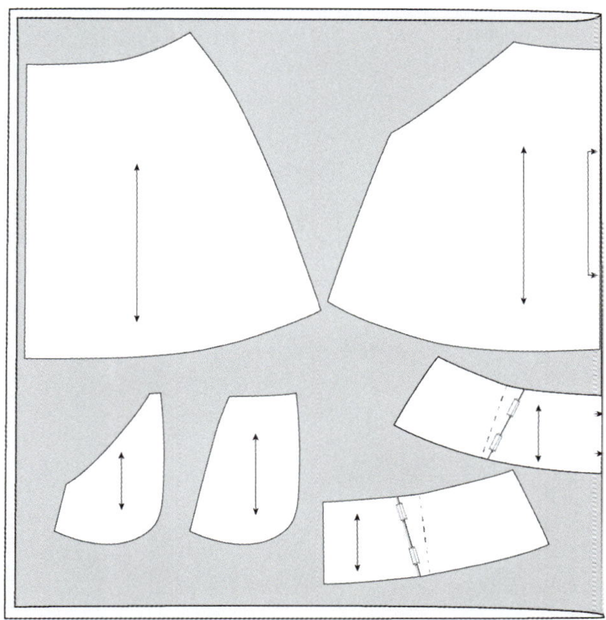

SIE BRAUCHEN

Sie brauchen dieselben Werkzeuge und Materialien wie für das Grundmodell.

SCHNITT-KNOW-HOW

Der Grundschnitt wurde eingeschnitten und geöffnet, um die ausgestellte Form zu erzielen.

STOFFMENGE

Der Stoff für den Besatz ist bereits berücksichtigt.

GRÖSSE	115 cm Breite	140 cm Breite
1	120 cm	120 cm
2	120 cm	120 cm
3	120 cm	120 cm
4	140 cm	140 cm
5	140 cm	140 cm
6	140 cm	140 cm

GRUNDSCHNITT ANPASSEN

1 Pausen Sie alle benötigten Schnittvorlagen auf einen neuen Bogen Papier ab. Die Form ändert sich, aber die Nahtzugaben bleiben bei 1,5 cm.

2 Legen Sie fest, wo die Oberkante des Rockes sitzen soll und messen Sie ab, wie weit sie von der Taillenlinie entfernt liegt. Wir haben die Taillenlinie um 2,5 cm nach unten verschoben. Zeichnen Sie die neue Taillenlinie auf den Schnittteilen ein und vergessen Sie die Nahtzugabe nicht. Wenn Sie die Nahtzugabe einzeichnen, können Sie sich besser vorstellen, wo der Rock sitzen wird und dann eventuelle Veränderungen von der Nahtlinie aus einzeichnen und nicht von der Schnittlinie aus. Zeichnen Sie für die neue Taillenlinie am besten die Nahtzugabe gleich ein. Es macht nichts aus, wenn die neue Linie quer durch die Abnäher verläuft, denn die verschwinden in den nächsten Schritten.

3 Messen Sie ab der neuen Taillenlinie die neue Rocklänge und zeichnen Sie sie ein. Denken Sie an Naht- und Saumzugaben.

4 Zeichnen Sie auf dem Vorderteil eine Linie ein, die von der Abnäherspitze bis zur unteren Kante verläuft und parallel zur vorderen Mitte ist. Zeichnen Sie eine entsprechende Linie auf dem rückwärtigen Rockteil ein.

5 Schneiden Sie die neuen Vorlagen aus.

6 Schneiden Sie jedes Teil entlang der eingezeichneten Linie bis zur Abnäherspitze auf und schneiden Sie dann weiter der rechten Abnäherlinie entlang. Jetzt besteht jede Schnittvorlage aus zwei Teilen. **(A)**

7 Legen Sie die Teile nun so aufeinander, dass die eingezeichnete linke Seite des Abnähers direkt auf der aufgeschnittenen Abnäherlinie liegt. Dadurch wird das Teil unterhalb des ehemaligen Abnähers aufgedreht. Achten Sie darauf, dass das vordere und rückwärtige Rockteil gleich weit aufgedreht werden. **(B)**

8 Pausen Sie die neuen Vorlagen auf einen Bogen Papier ab. Durch das Aufdrehen der Teile hat die Vorlage jetzt eine A-Form. Achten Sie darauf, dass die seitlichen Nahtlinien gleich lang sind. **(C)**

9 Bereiten Sie die Vorlagenteile für den Besatz so vor, wie beim Grundmodell beschrieben.

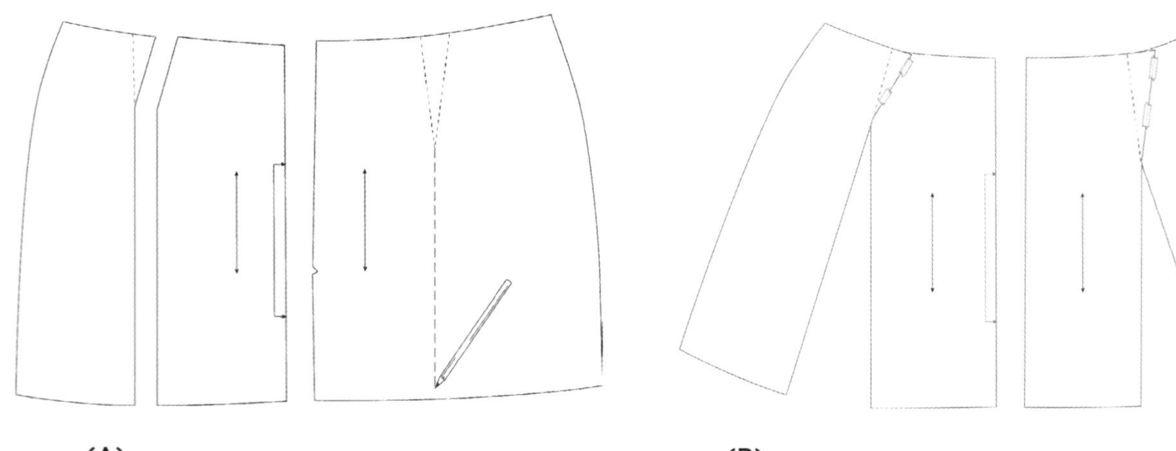

(A) **(B)**

10 Verändern Sie die Vorlage so, dass die Taschen berücksichtigt werden. Siehe dazu Seite 62. **(D)**

11 Übertragen Sie alle erforderlichen Markierungen und Passzeichen. Schneiden Sie die Teile dann aus.

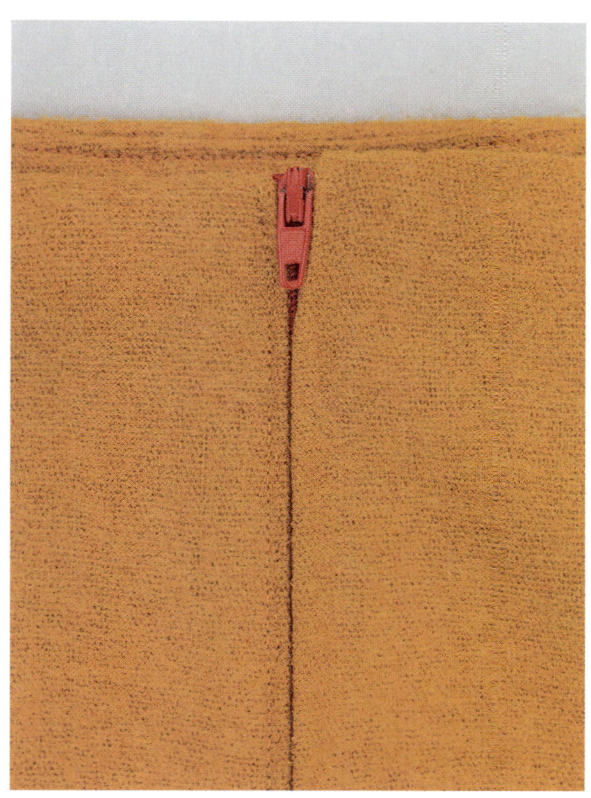

EINZELTEILE ZUSAMMENNÄHEN

12 Übertragen Sie alle Passzeichen, Bruchlinien und sonstige wichtige Markierungen von der Vorlage auf den Stoff und schneiden Sie die Rockteile dann aus.

13 Folgen Sie der Anleitung auf Seite 62 und nähen Sie die seitlichen Taschen.

14 Nähen Sie die beiden rückwärtigen Rockteile zusammen und setzen Sie den verdeckten Reißverschluss ein, wie auf Seite 48 beschrieben.

15 Nähen Sie die Besatzteile zusammen und verbinden Sie alle Rockteile, wie beim Grundmodell beschrieben. Säumen Sie den Rock zum Schluss.

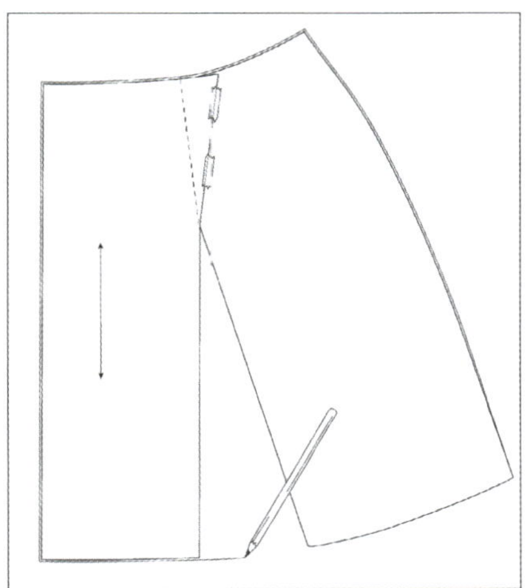

(C)

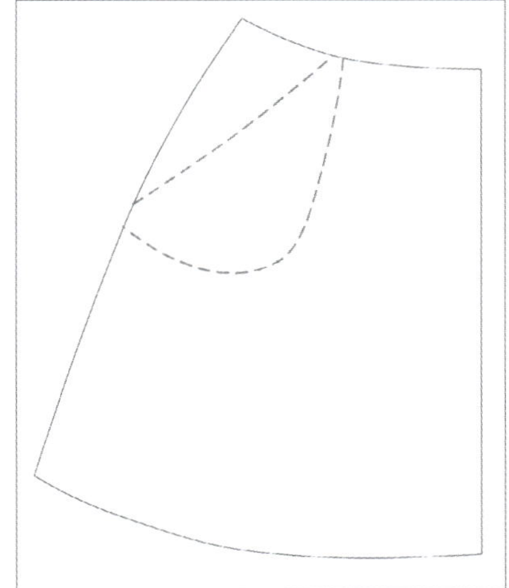

(D)

Eigene Schnittabwandlung

MAXIROCK

Maxiröcke tragen wir alle gerade in den Sommermonaten sehr gerne. Sie sind cool, bequem und leicht zu stylen.

Dieser Rock basiert auf dem Grundmodell. Er ist knöchellang und hat seitlich zwei lange Schlitze, die aus ihm einen weich fließenden Sommerrock machen. Soll der Rock etwas unterhalb der Taille sitzen, folgen Sie den Anweisungen für den Minirock. Ansonsten können Sie mit den Schnittvorlagen für das Grundmodell arbeiten. Sie können den Rock auch ausstellen, wie beim Minirock beschrieben.

1 Pausen Sie die Vorlagen für das vordere und das rückwärtige Rockteil auf neues Papier ab und schneiden Sie sie aus. Da die Gehfalte entfällt, können Sie die rückwärtige Nahtlinie gerade einzeichnen.

2 Schneiden Sie die Vorlagenteile entlang den Änderungslinien auf und legen Sie sie auf einen neuen Bogen Papier, der groß genug für die Maxilänge ist. Ziehen Sie die Teile bis auf die gewünschte neue Länge auseinander und stecken oder kleben Sie sie fest.

3 Zeichnen Sie die seitlichen Nahtlinien über die gesamte Länge ein.

4 Pausen Sie nach Bedarf die neuen Vorlagenteile noch einmal auf neues Papier ab. Übertragen Sie auch alle relevanten Markierungen.

5 Zeichnen Sie ein, wo die seitlichen Schlitze enden sollen. Sie können Schlitze an beiden Seiten vorsehen oder nur einen Schlitz einarbeiten. Achten Sie darauf, dass die Markierungen vorn und hinten an den gleichen Stellen sitzen.

6 Legen Sie die Vorlagen auf den Stoff, übertragen Sie alle Markierungen und schneiden Sie die Einzelteile aus.

7 Nähen Sie die Teile zusammen. Falls Sie Nahttaschen möchten (siehe Seite 61), müssen Sie sie einsetzen, bevor Sie die Seitennähte schließen. Wenn Sie bei der Schlitzmarkierung angelangt sind, nähen Sie einige Rückwärtsstiche. Stellen Sie dann eine lange Stichlänge ein und schließen Sie die restliche Seitennaht mit einem Heftstich.

8 Bügeln Sie die Nahtzugaben auseinander und versäubern Sie die Kanten.

9 Beginnen Sie an der unteren Kante und nähen Sie parallel zur Saumlinie. Steppen Sie die Nahtzugabe auf den Oberstoff, nähen Sie dabei bis hinauf zur Schlitzmarkierung, dann quer über die Nahtlinie und wieder hinunter bis zur Stoffkante.

10 Entfernen Sie die Heftnaht und öffnen Sie den Schlitz.

11 Sobald die Saumkante fertig ist, haben Sie einen wunderschönen Maxirock für den nächsten Sommer!

Eigene Schnittabwandlung

ROCK MIT ABFALLENDEM SAUM

Das Besondere an diesem Rock ist, dass er vorn deutlich kürzer ist als hinten.

1 Pausen Sie die Vorlagen für das vordere und das rückwärtige Rockteil auf einen Bogen Papier ab und schneiden Sie sie aus. Legen Sie sie auf einen neuen Bogen Papier, der für die gewünschte Länge reicht. Auch hier brauchen Sie keine Gehfalte.

2 Zeichnen Sie an der vorderen Mitte die neue vordere Länge ein. Zeichnen Sie dann an der Seitenlinie die dortige neue Länge ein und verbinden Sie den seitlichen Punkt mit einer geschwungenen Linie mit dem Punkt an der vorderen Mitte.

3 Zeichnen Sie an der rückwärtigen Schnittvorlage seitlich die neue Länge dort ein, wo sie auch beim Vorderteil liegt.

4 Wiederholen Sie Schritt 2 für die rückwärtige Mitte und verbinden Sie die neue hintere Länge mit der seitlichen Länge.

5 Sie sollten jetzt eine weiche Rundung sehen, die an der vorderen Mitte beginnt und an der hinteren Mitte unten ausläuft. Wenn Ihnen die Form gefällt, pausen Sie die Kontur auf einen neuen Bogen Papier ab und übertragen auch alle relevanten Markierungen.

6 Folgen Sie beim Zusammennähen den Anweisungen für das Grundmodell.

Eigene Schnittabwandlung

BLEISTIFTROCK

In einem für die 1950er-Jahre typischen Bleistiftrock können Sie sich wie Marylin Monroe fühlen. Der Rock sitzt auf der Taille und ist an der Saumkante enger als an der Hüfte, sodass Sie nur kleine Schritte machen können.

1 Pausen Sie den Grundschnitt auf einen neuen Bogen Papier ab.

2 Beim Grundschnitt beträgt die Beweglichkeitszugabe an der Hüfte 6,5 cm. Wenn der Rock an der Hüfte enger sitzen soll, reduzieren Sie die Beweglichkeitszugabe in diesem Bereich um das gewünschte Maß. (Einen Überblick dazu finden Sie auf S. 16).

3 Legen Sie fest, wie weit der Rock an der Saumkante sein soll. Um ein Gefühl dafür zu bekommen, machen Sie einen Schritt und legen Sie dort, wo später der Rocksaum sein soll, ein Maßband um die Beine. Teilen Sie das Gesamtmaß durch 4 und Sie wissen, wie weit jedes Vorlagenteil an der Unterkante sein muss. Eine Gehfalte oder ein kleiner Schlitz an der Seite bringt die nötige Beinfreiheit und stellt sicher, dass die rückwärtige Mittelnaht nicht aufreißt. Die Form des Rockes wird dadurch nicht beeinflusst. Achten Sie darauf, dass die Weitenmarkierungen an allen Vorlageteilen auf derselben Höhe liegen.

4 Verbinden Sie die Markierungen an der Hüft- und der Saumlinie beim vorderen und beim rückwärtigen Rockteil mit einer geraden Linie.

5 Pausen Sie die Vorlagen nach Bedarf auf einen neuen Bogen Papier ab und übertragen Sie alle relevanten Markierungen. Legen Sie die Vorlagen auf den Stoff, schneiden Sie die Teile aus und nähen Sie sie wie beim Grundmodell beschrieben zusammen.

3

SHIFTKLEID

Dieses Shiftkleid darf in unserer Kollektion nicht fehlen, weil es so vielseitig und einfach zugleich ist. Es ist ein Klassiker, der unauffällig sein kann, mit geraden Linien und in mittlerer Länge, der aber auch spielerisch wirken kann, als Minikleid mit einem Schnitt in A-Linie. Unser Modell liegt genau dazwischen. Wenn Sie es aus schwerem Baumwollstoff oder einer klassischen Wollmischung nähen, kann es sehr formell wirken. Durch Anheben des Saumes und Kürzen der Ärmel wird aus der eleganten Form ein raffiniertes Minikleid. Die Variante im Zeltschnitt fällt besonders weich, wenn es aus leichtem Baumwollstoff oder aus Seide genäht wird und gibt Ihnen die volle Bewegungsfreiheit – ideal für einen Sommerspaziergang oder einen Abend daheim.

GRUNDMODELL

Das Shiftkleid ist leicht tailliert und endet knapp über dem Knie.

Es hat:

- einen runden Ausschnitt
- Dreiviertelärmel
- einen nahtverdeckten Reißverschluss
- Nahttaschen.

VARIANTE

Dieses ärmellose Kleid im Zeltschnitt geht bis zur Wade.

Es hat:

- einen runden Ausschnitt
- eine Schlupfform
- Nahttaschen.

EMPFOHLENE STOFFE

Zu diesem Kleid passen alle Webstoffe. Wir verwenden für das Grundmodell einen hellgrauen Chambray und für das zweite Modell einen dunkelgrauen Seidenstoff. Sie können aber auch leichte und schwere Baumwollstoffe verwenden. Eine schwere Wollmischung ergibt einen sehr schönen Herbstlook.

Variante: Zeltkleid
Seide
Schwarz
Baumwoll-popeline
Dunkelblau
Rosé
Schwere Baumwolle
Chambray
Hellgrau

Schnittvorlage

Das Shiftkleid hat sechs Schnittteile.

ZUSCHNEIDEN:
1x VORDERTEIL IM STOFFBRUCH
2x RÜCKENTEIL
1x VORDEREN BESATZ IM STOFFBRUCH + 1x ALS BÜGELEINLAGE
2x RÜCKWÄRTIGEN BESATZ + 2x ALS BÜGELEINLAGE
2x ÄRMEL
4x TASCHE

Vorbereiten:

Nehmen Sie Maß (siehe Seite 12) und passen Sie die Schnittvorlage nach Bedarf an (siehe Seite 16). Wir empfehlen ein Testmodell, bevor Sie das Kleidungsstück zuschneiden (siehe Seite 18).

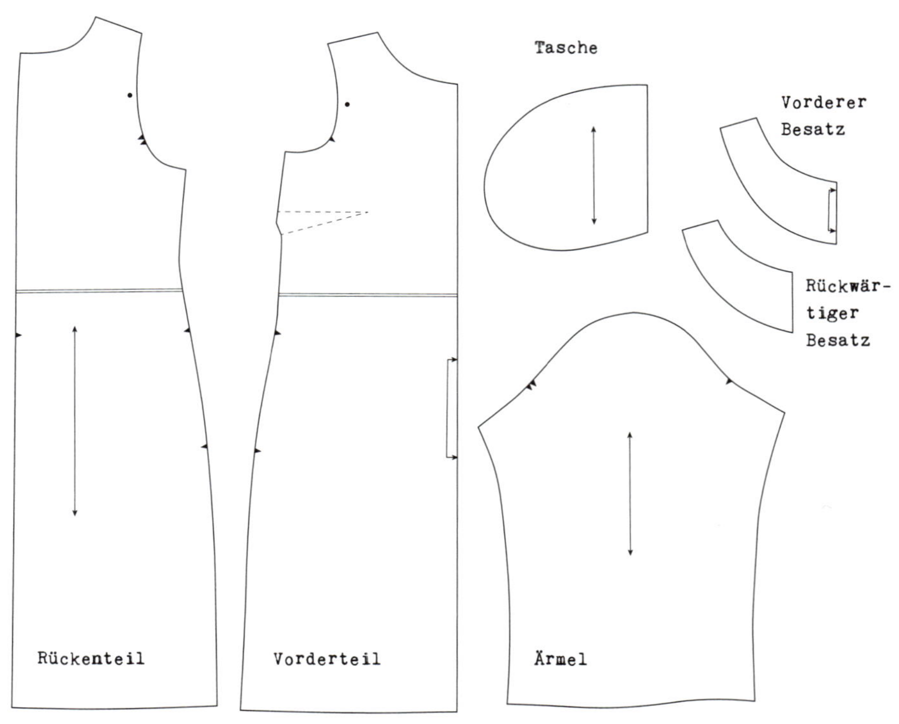

GRÖSSENÜBERSICHT

GRÖSSE	1	2	3	4	5	6
BRUSTWEITE	81 cm	86,5 cm	91,5 cm	96,5 cm	101,5 cm	106,5 cm
TAILLENWEITE	61 cm	66 cm	71 cm	76 cm	81 cm	86,5 cm
HÜFTWEITE	84 cm	89 cm	94 cm	99 cm	104 cm	109 cm

FERTIGE MASSE

Die Bewegungszugabe für das Kleid beträgt an der Brust 7,5 cm, an der Taille 28 cm und an der Hüfte 18 cm.

GRÖSSE	1	2	3	4	5	6
BRUSTWEITE	88,5 cm	94 cm	99 cm	104 cm	109 cm	114 cm
TAILLENWEITE	89 cm	94 cm	95 cm	104 cm	109 cm	114,5 cm
HÜFTWEITE	102 cm	107 cm	112 cm	117 cm	122 cm	127 cm

Zuschneideplan

So legen Sie die Schnittvorlage auf den Stoff.

Stoffbreite 115 cm

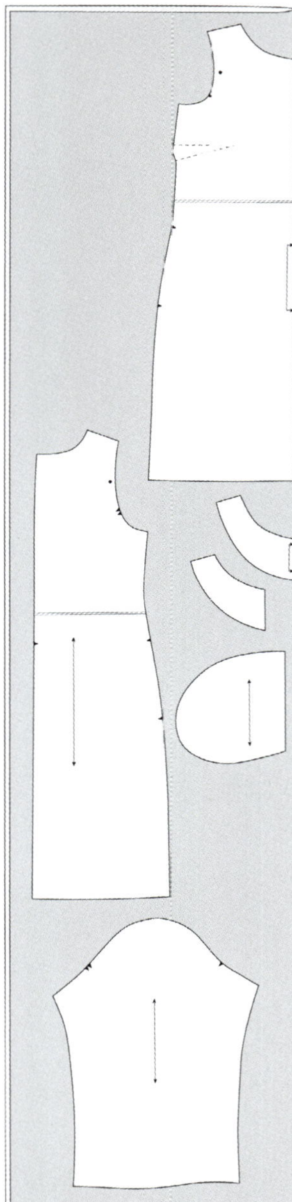

Stoffbreite 140 cm

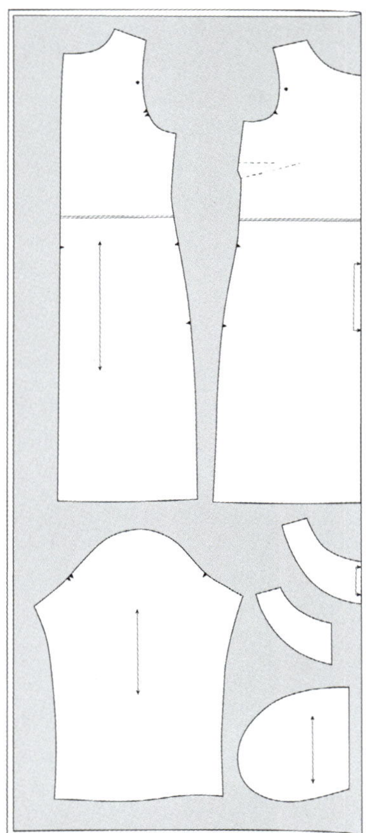

Pausen Sie alle Schnittteile vom Original ab, dann haben Sie immer eine Grundversion, mit der Sie weiterhin arbeiten können.

STOFFMENGE

Der Stoff für den Besatz ist bereits berücksichtigt.

GRÖSSE	115 cm Breite	140 cm Breite
1	262 cm	163 cm
2	262 cm	163 cm
3	262 cm	163 cm
4	268 cm	167 cm
5	268 cm	167 cm
6	268 cm	167 cm

NÄHANLEITUNG FÜR DAS KLEID

SIE BRAUCHEN

Alle Schnittvorlagen • Schnittmusterpapier • Papierschere • Klebeband • Werkzeug zum Übertragen von Markierungen • Stoffschere • Stecknadeln • Stoff • passenden Stoff in Kontrastfarbe für den Besatz (optional) • Nähgarn • 40 cm langen nahtverdeckten Reißverschluss • 0,25 cm Bügeleinlage, die für das gewählte Material geeignet ist • Haken und Öse

VORBEREITEN

1 Übertragen Sie die Konturen aller benötigten Schnittvorlagen auf einen neuen Bogen Papier. Schneiden Sie die neuen Teile aus. Der Originalschnitt bleibt intakt.

2 Falten Sie den Stoff rechts auf rechts, wie im Zuschneideplan auf Seite 105 gezeigt. Legen Sie die Schnittvorlagen auf den Stoff, achten Sie auf den Fadenlauf und legen Sie die mit „Stoffbruch" bezeichnete Kante genau auf den Stoffbruch.

3 Stecken Sie alle Teile fest und schneiden Sie sie aus. Übertragen Sie alle Markierungen (siehe Seite 17) und nehmen Sie dann die Schnittvorlagen ab.

4 Schneiden Sie auch alle benötigten Einlagenteile aus.

BRUSTABNÄHER EINARBEITEN

5 Nähen Sie im Vorderteil die Brustabnäher, wie auf Seite 22 beschrieben. Bügeln Sie die Abnäher dann nach unten. **(A)**

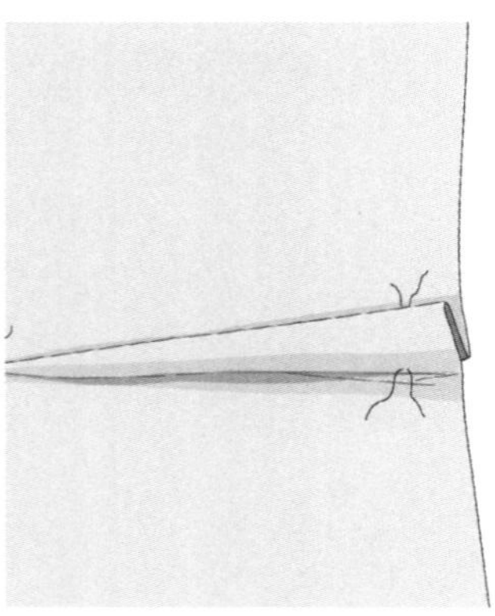

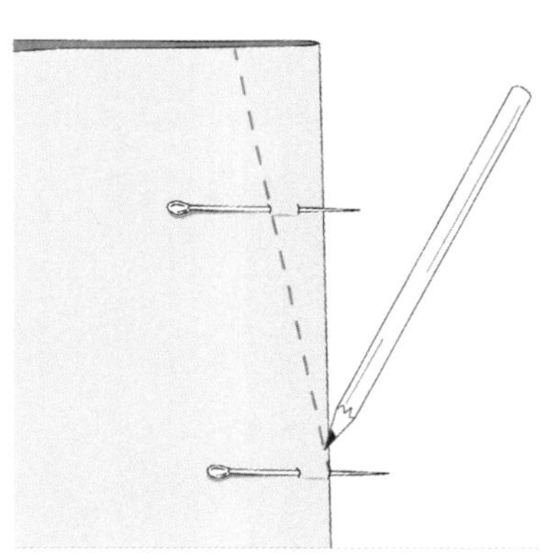

(A)

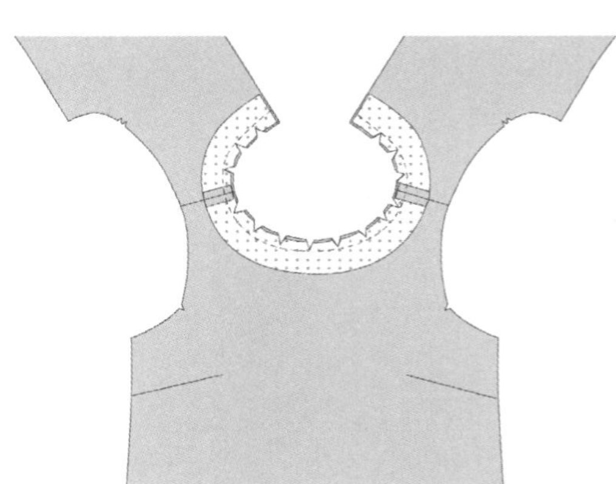

(B)

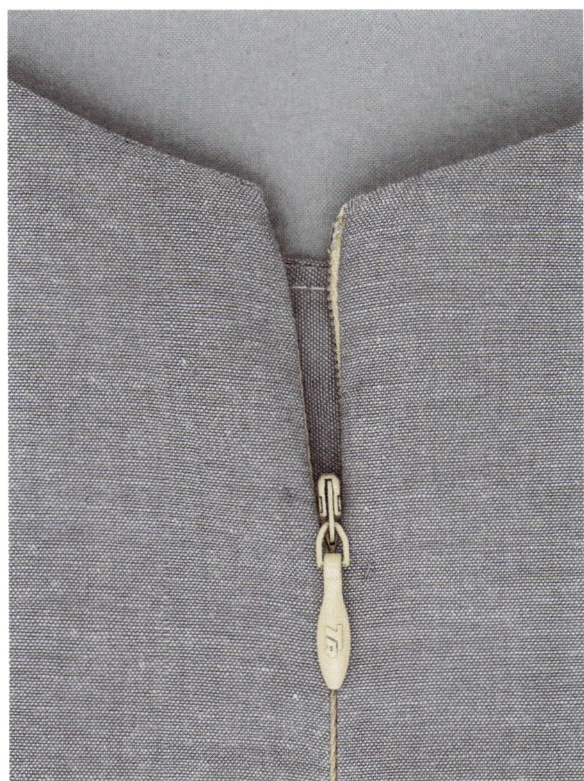

HALSAUSSCHNITT VERSÄUBERN

6 Legen Sie die Rückenteile rechts auf rechts so auf das Vorderteil, dass die Markierungen an der Schulterlinie aufeinandertreffen. Schließen Sie die Schulternähte und bügeln Sie die Nahtzugaben auseinander.

7 Verstärken Sie die Besätze mit Bügeleinlage und schließen Sie die Schulternähte rechts auf rechts. Bügeln Sie die Nahtzugabe auseinander.

8 Stecken Sie den Besatz auf den Ausschnitt und achten Sie darauf, dass die Schulternähte aufeinandertreffen. (Wenn Sie einen Kragen möchten, müssen Sie ihn jetzt annähen.) Nähen Sie den Besatz am Ausschnitt fest.

9 Schneiden Sie die Nahtzugabe gleichmäßig ein, damit die Ausschnittkante später gut sitzt. Bügeln Sie die Naht aus und versäubern Sie die Kante. Klappen Sie den Besatz nach innen und bügeln Sie ihn aus. **(B, S. 106)**

10 Untersteppen Sie den Besatz, damit er nicht verrutscht. Nähen Sie den Besatz außerdem mit ein paar Handstichen an den Schulternähten fest.

TASCHEN EINSETZEN

11 Setzen Sie die Nahttaschen ein, wie auf Seite 61 beschrieben. **(C)**

EINZELTEILE ZUSAMMENNÄHEN

12 Stecken Sie die Teile rechts auf rechts an den seitlichen Nahtlinien zusammen. Beachten Sie alle Markierungen.

13 Schließen Sie die Seitennähte vom Armausschnitt aus bis zur Saumkante. Nähen Sie um die Taschenbeutel herum, wie auf Seite 61 beschrieben.

14 Versäubern Sie die Stoffkanten.

ÄRMEL EINSETZEN

15 Falten Sie beide Ärmel rechts auf rechts und stecken Sie sie entlang der Nahtlinie zusammen. Achten Sie auf die Markierungen. Schließen Sie die Naht, bügeln Sie die Nahtzugaben auseinander und versäubern Sie die Kanten.

16 Nähen Sie mit langen Maschinenstichen oder mit der Hand zwei parallele Nähte zwischen den Markierungen an der Armkugel. **(D)** Die erste Naht verläuft 5 mm neben der Stoffkante, die zweite 2 mm daneben. Lassen Sie

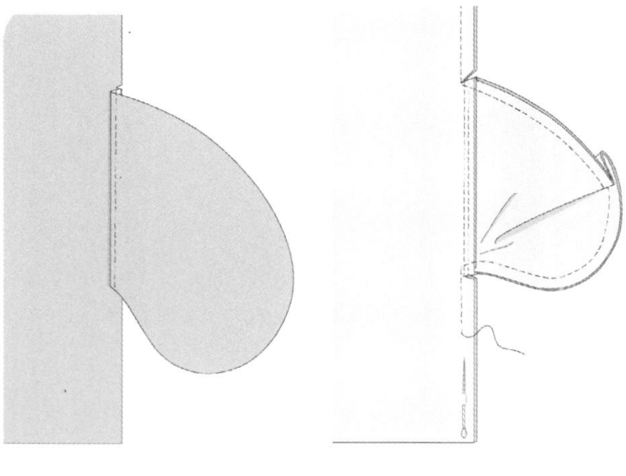

(C)

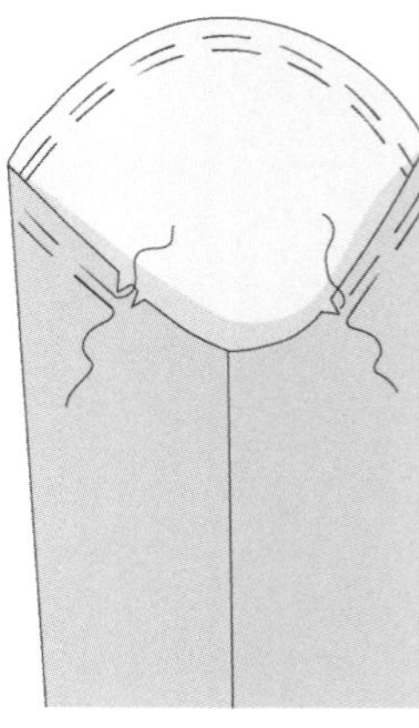

(D)

die Fadenenden lang. Mit diesen beiden Nähten können Sie die Weite an der Armkugel leicht einhalten.

17 Ziehen Sie bei einem Ärmel vorsichtig an den Unterfäden an und schieben Sie die Armkugel auf die benötigte Weite zusammen. Beim Einsetzen des Ärmels werden sich die Fältchen gleichmäßig verteilen. **(E)**

18 Legen Sie den Ärmel rechts auf rechts so an den Armausschnitt, dass Ärmel- und Seitennaht aufeinandertreffen. Stecken Sie den Ärmel von der Nahtkreuzung aus rechts und links bis zu den Passzeichen fest.

19 Stecken Sie die Armkugel so fest, dass das Passzeichen, das die Mitte der Armkugel anzeigt, genau auf die Schulternaht trifft.

20 Verteilen Sie die Mehrweite der Armkugel gleichmäßig und stecken Sie auch die noch offenen Bereiche fest.

21 Heften Sie den Ärmel ein. Wenden Sie das Teil auf rechts und prüfen Sie, ob der Ärmel gut sitzt. Wenn Sie zufrieden sind, nähen Sie den Ärmel fest.

22 Bügeln Sie die Nahtzugaben flach und versäubern Sie sie. Bearbeiten Sie dann den zweiten Ärmel entsprechend und wiederholen Sie die Schritte 17 bis 22.

23 Bügeln Sie die Saumkanten an den Ärmeln erst 5 mm, dann weitere 2 cm nach innen um. Nähen Sie die Saumkanten mit einem unsichtbaren Saumstich fest oder steppen Sie sie ab.

UNSICHTBAREN REISSVERSCHLUSS EINSETZEN

24 Setzen Sie im Rückenteil einen unsichtbaren Reißverschluss ein, wie auf Seite 46 beschrieben. **(F)**

25 Falten Sie den Besatz am Reißverschluss etwas nach innen, sodass die Besatzkante knapp neben den Zähnchen liegt und der Schieber frei bis ganz nach oben gezogen werden kann. Nähen Sie den Besatz mit einigen Handstichen am Reißverschlussband fest.

SAUMKANTE NÄHEN

26 Schlagen Sie die Saumkante erst 5 mm, dann weitere 2 cm nach innen um. Bügeln Sie den Saum aus und nähen Sie ihn dann mit der Nähmaschine oder mit Handstichen fest.

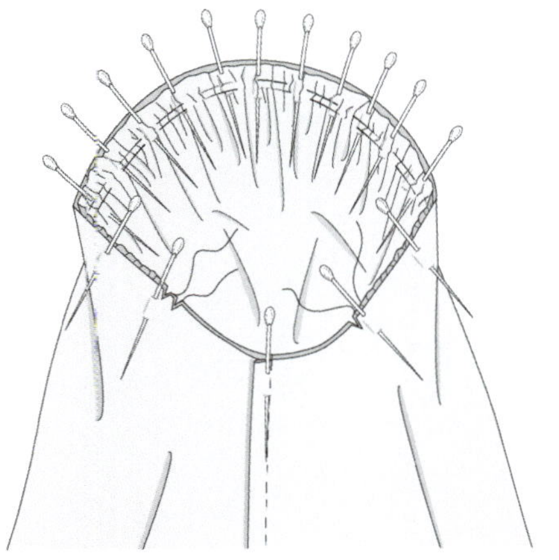

(E)

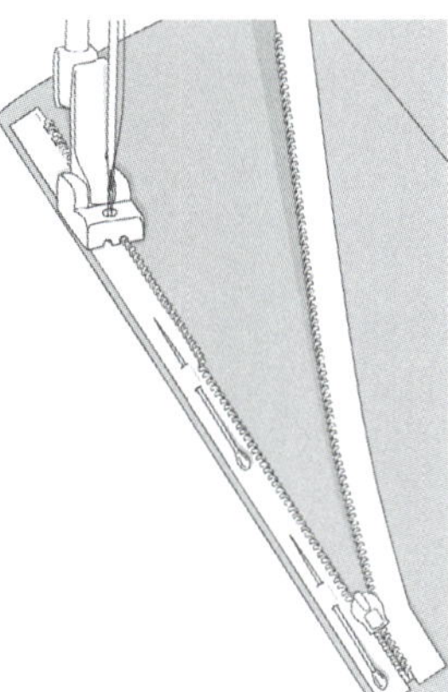

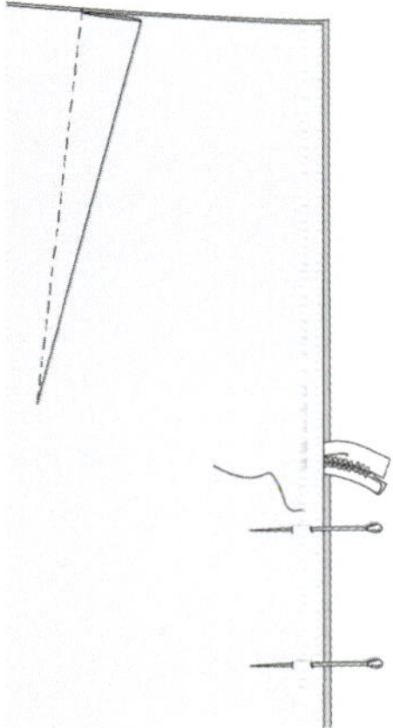

(F)

Variante

ZELTKLEID

Dieses weite Shiftkleid wirkt weniger förmlich und schwingt durch den ausgestellten Schnitt sehr schön. Leichte, weiche Stoffe eignen sich dafür besonders gut.

Zuschneideplan

So legen Sie die Schnittvorlage auf den Stoff.

Stoffbreite 115 cm

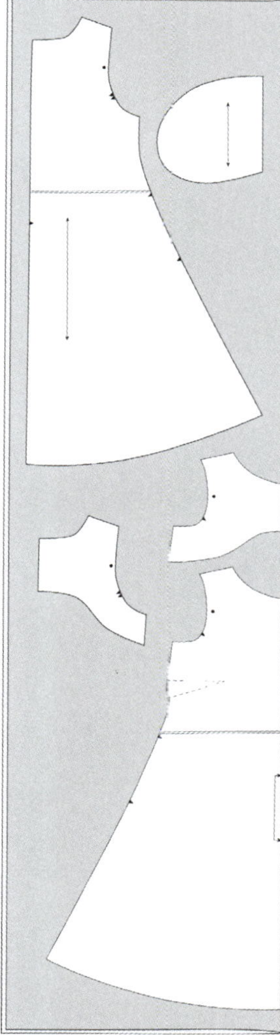

Stoffbreite 140 cm

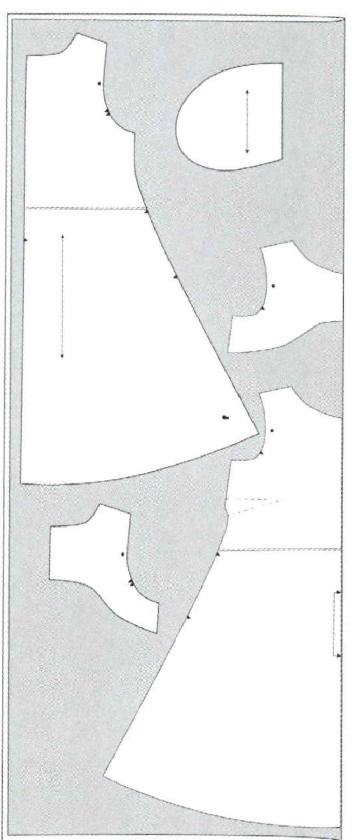

SIE BRAUCHEN

Die Schnittvorlagen für das Grundmodell mit Ausnahme der Ärmel. Der Reißverschluss entfällt.

TIPP FÜR DIE PASSFORM

Wir empfehlen ein Testmodell, bevor Sie das Kleidungsstück zuschneiden (siehe Seite 18).

STOFFMENGE

Der Stoff für den Besatz ist bereits berücksichtigt.

GRÖSSE	115 cm Breite	140 cm Breite
1	260 cm	260 cm
2	260 cm	260 cm
3	260 cm	260 cm
4	260 cm	260 cm
5	260 cm	260 cm
6	260 cm	260 cm

GRUNDSCHNITT ANPASSEN

1 Pausen Sie alle benötigten Schnittvorlagen auf einen neuen Bogen Papier ab. Die Form ändert sich, aber die Nahtzugaben bleiben bei 1,5 cm.

2 Verlängern Sie nach Bedarf die neue Vorlage (wir haben unser Modell um 10 cm verlängert) und zeichnen Sie den neuen Halsausschnitt und den neuen Armausschnitt ein. Da das Kleid keinen Reißverschluss erhält, muss der Halsausschnitt weit genug für den Kopf sein. Sie können die Weite noch anpassen, wenn Sie ein Probemodell nähen. Bei leichten Stoffen wie Seide oder Baumwollbatist können die Schulterträger schmäler gearbeitet werden. Bei einem Wollstoff oder einem anderen dickeren Stoff müssen die Träger breiter sein, weil durch die Schulternähte auf rechts gewendet wird. **(A)**

3 Legen Sie einen neuen Bogen Papier über das Oberteil. Pausen Sie eine Vorlage für den Besatz ab, die den Hals- und Armausschnitt umfasst. Der Besatz beginnt seitlich direkt oberhalb des Abnähers und verläuft in einer sanft geschwungenen Kurve bis zur Mitte.

4 Passen Sie nun die Weite des Vorderteils an. Arbeiten Sie von der Saumkante aus und schneiden Sie dreimal in regelmäßigen Abständen bis zur Taillenlinie ein. Sie haben nun vier Papierstreifen, die Sie verschieben können. **(B)**

5 Legen Sie diese Vorlage auf einen neuen Bogen Papier, der breit genug für den Zeltschnitt ist. Fixieren Sie das Oberteil und die gesamte vordere Mitte mit Klebestreifen und achten Sie darauf, dass die vordere Mitte ganz gerade verläuft.

6 Ziehen Sie die aufgeschnittenen Bereiche seitlich auf und legen Sie entlang der Taillen-

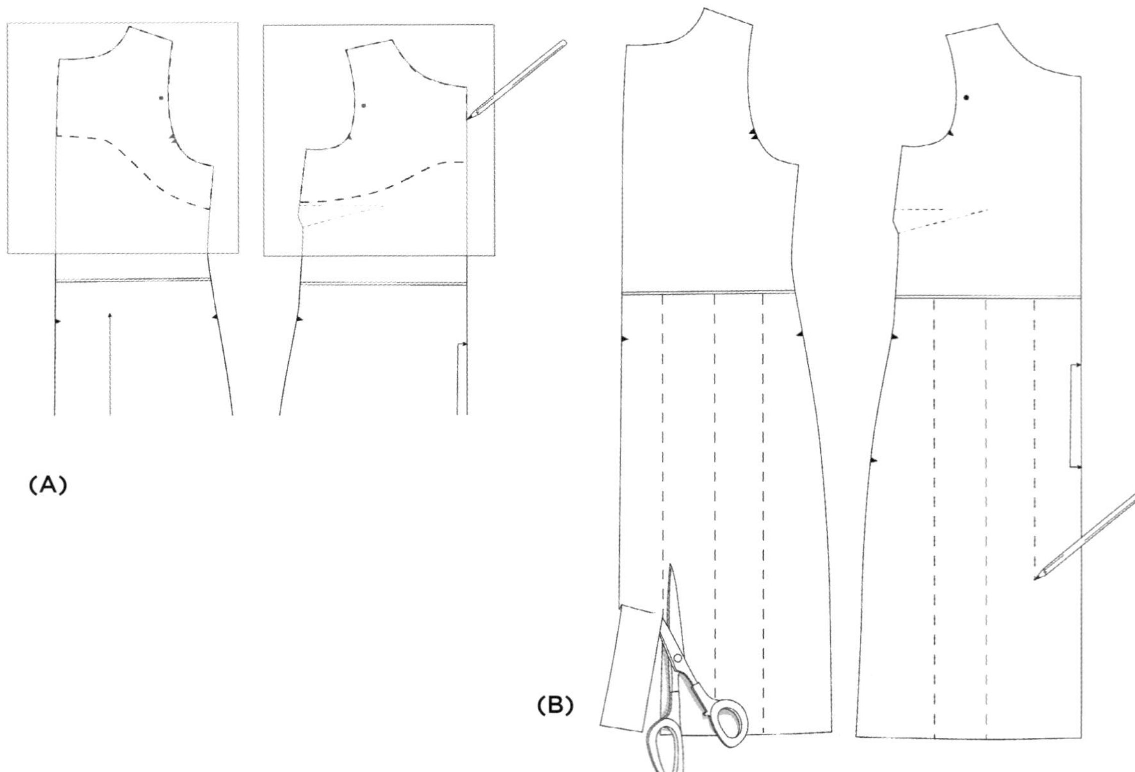

(A)

(B)

linie kleine Falten, damit Sie die Papierstreifen leichter verschieben können. Fixieren Sie alles mit Klebestreifen. **(C)**

7 Zeichnen Sie entlang der Saumkante von der vorderen Mitte aus eine gerundete Linie bis zur seitlichen Nahtlinie ein. Achten Sie darauf, dass das Kleid seitlich und vorn gleich lang ist. Gleichen Sie unterhalb des Abnähers die Nahtlinie an. **(D)** Verlängern Sie nach Bedarf die vordere Mitte und die seitliche Nahtlinie um dasselbe Maß.

8 Wenn Sie mit der Vorlage zufrieden sind, fixieren Sie alle Teile mit Klebestreifen.

9 Wiederholen Sie die Schritte 1 bis 8 für das rückwärtige Schnittteil. Achten Sie darauf, dass das Kleid vorn und hinten gleich breit und gleich lang ist. Legen Sie dabei den Abnäher an der Vorderseite zu, damit das seitliche Maß stimmt. Wichtig ist auch, dass der Armausschnitt an beiden Teilen gleich tief und die Schulternaht gleich lang ist.

10 Wenn Sie mit der Form des Kleides zufrieden sind, pausen Sie die Konturlinien auf das darunterliegende Papier ab und berücksichtigen dabei auch Naht- und Saumzugaben. Übertragen Sie alle Markierungen und Passzeichen vom Grundschnitt und schneiden Sie dann die neuen Schnittvorlagen aus.

11 Prüfen Sie, ob Passzeichen und Taschenansatzlinien bei beiden Teilen gleich sind und passen Sie sie nach Bedarf an, damit sie bei den Stoffteilen dann direkt aufeinandertreffen.

12 Legen Sie die neuen Schnittvorlagen so auf den Stoff, dass die vordere und hintere Mitte genau auf dem Stoffbruch liegen. Stecken Sie die Teile fest und schneiden Sie sie aus.

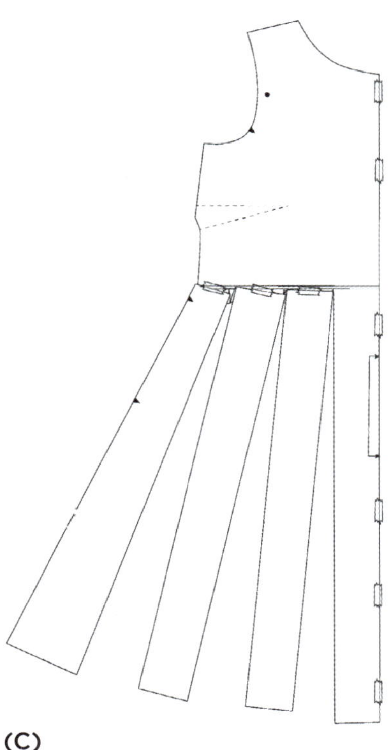

(C)

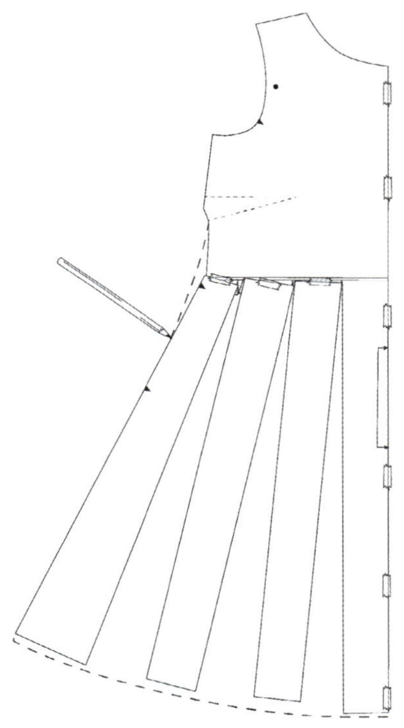

(D)

ABNÄHER EINARBEITEN

13 Nähen Sie die Abnäher im Vorderteil, wie auf Seite 22 beschrieben. Bügeln Sie die Abnäher dann nach unten.

BESATZ ANNÄHEN

14 Legen Sie das Vorderteil und die beiden rückwärtigen Teile so rechts auf rechts, dass die Markierungen an den Schulternahtlinien aufeinandertreffen. Stecken Sie die Teile fest und schließen Sie die Schulternähte. Bügeln Sie die Nahtzugaben auseinander.

15 Verstärken Sie die Besätze mit Bügeleinlage. Nähen Sie vordere und rückwärtige Besätze an den Schulternähten zusammen und achten Sie auf die Passzeichen. Bügeln Sie die Nahtzugaben auseinander und versäubern Sie die unteren Kanten.

16 Stecken Sie den Besatz rechts auf rechts so auf das Kleid, dass die Schulternähte aufeinandertreffen. Nähen Sie beide Lagen erst am Halsausschnitt, dann entlang den beiden Armausschnitten zusammen.

17 Schneiden Sie die Nahtzugaben an allen Ausschnitten ein, damit die Nähte nach dem Wenden glatt liegen und bügeln Sie sie aus. **(E)**

18 Wenden Sie das Kleid auf rechts, indem Sie die rückwärtigen Teile durch den Tunnel an den Schulternähten nach vorn ziehen. Bügeln Sie dann den ganzen Besatz aus. **(F)**

19 Untersteppen Sie den Besatz an allen Ausschnitten, damit er nicht verrutscht. Sie werden nicht in jede Ecke kommen, aber nähen Sie, soweit es geht. Ausbügeln.

TASCHEN EINSETZEN

20 Setzen Sie die Nahttaschen ein, wie auf Seite 61 beschrieben.

KLEID FERTIG NÄHEN

21 Legen Sie die rückwärtigen Teile rechts auf rechts auf das Vorderteil und stecken Sie sie seitlich fest. Berücksichtigen Sie dabei den Taschenbeutel und achten Sie darauf, dass sich die Passzeichen treffen.

22 Schließen Sie die Seitennähte und verfahren Sie mit den Nahttaschen, wie auf Seite 61 beschrieben. Versäubern Sie die Nahtzugaben, damit der Stoff nicht ausfranst.

23 Legen Sie die rückwärtigen Teile entlang der Mitte rechts auf rechts aufeinander und stecken Sie sie vom Halsausschnitt bis hinab

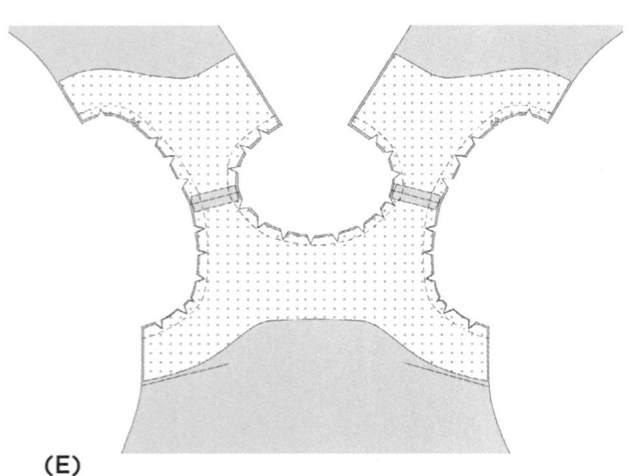

(E)

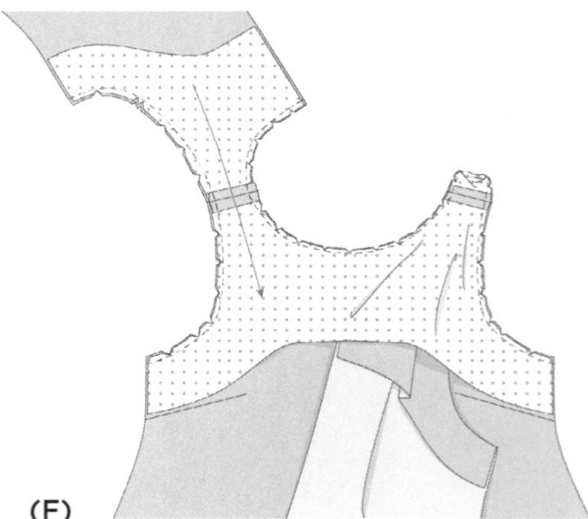

(F)

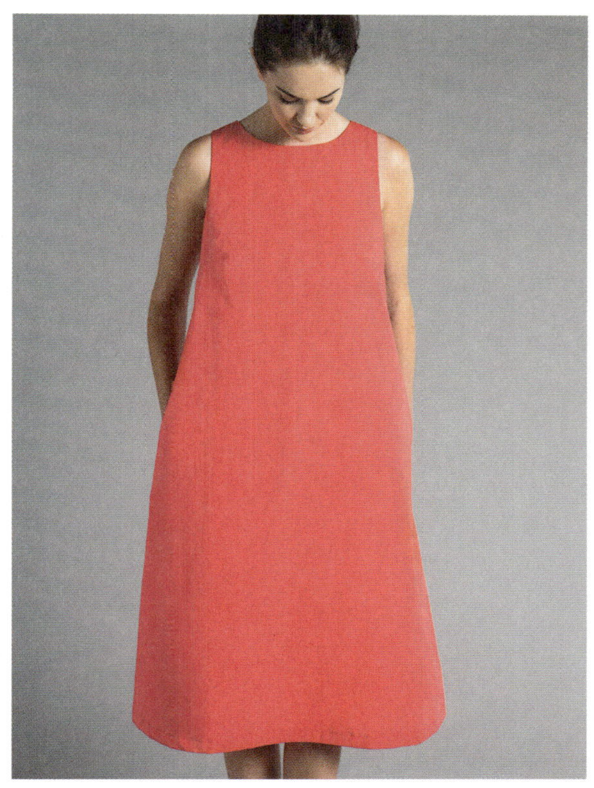

zur Saumkante fest. Schließen Sie die Naht, bügeln Sie sie aus und versäubern Sie die Kanten.

24 Am Ende wird das Kleid noch gesäumt. Die Saumkante ist leicht gerundet, also sollten Sie entweder einen schmalen Rollsaum arbeiten oder einen breiteren Saum, der allerdings beim Einschlagen kleine Falten werfen wird. Bügeln Sie sie nach Bedarf flach. Welche Möglichkeiten Sie für das Säumen haben, steht auf Seite 44. Bügeln Sie den Saum zum Schluss aus.

Eigene Schnittabwandlung

ANDERER AUSSCHNITT

Sie können das Shiftkleid noch weiter verändern, indem Sie einen anderen Ausschnitt arbeiten. Hier sind unsere sechs Lieblingsvarianten. Bei jedem Ausschnitt müssen die Nahtzugaben anders bearbeitet werden, damit die Naht am Ende flach liegt. Mehr dazu finden Sie auf Seite 60.

RUNDER AUSSCHNITT

Ein runder Ausschnitt ist ideal, wenn Sie z. B. einen Bubikragen oder einen Flachkragen hinzufügen möchten. Auch ohne zusätzlichen Kragen wirkt dieser Ausschnitt sehr edel.

ECKIGER AUSSCHNITT

Dieser großzügige, eckige Ausschnitt lenkt den Blick eher auf den Oberkörper. Er wirkt bei schmalen Schultern besonders elegant.

WEITER AUSSCHNITT

Diese Ausschnittform ist breiter und tiefer als ein einfacher Rundausschnitt. Er betont den Hals und das Schlüsselbein.

U-BOOT-AUSSCHNITT

Dieser Ausschnitt wirkt sehr selbstbewusst, weil er den Hals und die Schultern betont. Er funktioniert am besten zusammen mit langen Ärmeln.

V-AUSSCHNITT

Je tiefer das V ist, desto mehr werden Hals und Brust betont. Bei einem solchen Ausschnitt wirkt ein Chelseakragen sehr gut.

HERZAUSSCHNITT

Die sanfte Rundung dieses Ausschnitts betont den Brustbereich und erzielt eine sehr schmeichelnde Wirkung.

DEN AUSSCHNITT VERÄNDERN

1 Pausen sie die Schnittvorlage für das Grundmodell auf einen neuen Bogen Papier ab.

2 Zeichnen Sie im neuen Vorderteil die Ausschnittlinie ein. Wenn Sie mit der Form zufrieden sind, fügen Sie noch die Nahtzugabe hinzu.

3 Wenn Sie einen Besatz arbeiten möchten und den Ausschnitt nicht mit einem Schrägband einfassen wollen (siehe Seite 42), legen Sie einen neuen Bogen Papier über die Ausschnittpartie. Pausen Sie die Konturen für den Besatz sorgfältig ab. Der Besatz sollte etwa 7 cm breit sein. Mehr dazu beim Zeltkleid auf Seite 112.

4 Wiederholen sie nach Bedarf die Schritte 1 bis 3 für das rückwärtige Teil. Achten Sie darauf, dass vordere und rückwärtige Schulterbreite gleich sind.

5 Schneiden Sie die neuen Schnittvorlagen aus.

Eigene Schnittabwandlung

ANDERER KRAGEN

Auf den Schnittmusterbogen finden Sie Vorlagen für drei verschiedene Kragenarten. Sie alle passen zum Shiftkleid und zur Bluse und können auf dieselbe Art und Weise angenäht werden. Für das Shiftkleid mit Rückenreißverschluss schneidet man die Kragenhälften links auf links separat zu, für die Bluse im Stoffbruch.

KRAGEN ANNÄHEN

Ein Kragen hat zwei Teile, die jeweils aus einer oberen Lage und einem Besatz bestehen. Die Teile treffen sich an der vorderen und rückwärtigen Mitte des Kleidungsstücks. Angenäht werden Sie als Zwischenlage zwischen dem Kleidungsstück und dem Besatz.

1 Pausen Sie die Schnittvorlage für den gewünschten Kragen ab und nähen Sie ein Probemodell aus einer Lage Baumwollkattun, um die perfekte Form zu erhalten. Achten Sie darauf, dass die Innenkante des Kragens genauso lang ist wie die Innenkante des Ausschnitts.

2 Wenn Sie mit der Kragenform zufrieden sind, verwenden Sie das Probemodell als Schnittvorlage und schneiden zwei Kragenpaare aus dem Stoff aus. Sie haben jetzt vier Kragenteile – einen Ober- und einen Unterkragen für den rechten sowie für den linken Kragen.

3 Schneiden Sie zwei Kragenformen aus einer leichten Bügeleinlage aus und verstärken Sie damit jeweils den Unterkragen.

4 Stecken Sie einen Ober- und Unterkragen rechts auf rechts zusammen. Nähen Sie entlang der Kragenkanten und lassen Sie die Kante am Halsausschnitt offen. Schneiden Sie die Nahtzugaben in allen Rundungen ein und schneiden Sie sie an den Kragenspitzen zurück, damit die Nähte später flach liegen. Bügeln Sie.

5 Wenden Sie den Kragen auf rechts und drücken Sie vorsichtig Ecken bzw. Spitzen hinaus und bügeln Sie ihn.

6 Nähen Sie alle Lagen entlang der noch offenen Kante mit einer Verstärkungsnaht zusammen, um die Rundung zu stabilisieren.

7 Wiederholen Sie die Schritte 4 bis 6 für das zweite Kragenteil.

8 Arbeiten Sie von der rechten Seite des Kleidungsstücks aus und stecken Sie beide Kragenteile fest. Beginnen Sie an der vorderen Mitte und achten Sie darauf, dass beide Teile dort exakt sitzen. Auch an der rückwärtigen Mitte müssen die Kragenteile exakt sitzen.

9 Nähen Sie den Besatz an das Kleidungsstück, wie in 6 bis 10 beim Grundmodell beschrieben, und fassen Sie dabei den Kragen zwischen. Die Nahtzugaben schneiden Sie gestuft zurück, damit sie nicht auftragen (siehe Seite 60).

10 Wenn Sie den Unterkragen dann noch untersteppen, liegt der Kragen perfekt am Halsausschnitt auf.

FLACHKRAGEN

Auch der Flachkragen wird am Rundausschnitt befestigt, doch er wirkt mit seinen Spitzen frecher und lenkt den Blick auf das Dekolleté.

BUBIKRAGEN

Der Bubikragen wird am Rundausschnitt befestigt und liegt relativ eng am Hals. Er wirkt feminin und zurückhaltend.

CHELSEAKRAGEN

Dieser Kragen wird an einem V-Ausschnitt oder einem weiten Rundausschnitt befestigt. Mit den langen, fast übertriebenen Seiten ist er besonders auffällig.

Eigene Schnittabwandlung

ANDERE ÄRMELFORM

Welche Ärmelform am besten passt, hängt vom ausgewählten Stoff ab, von der Körperform und von der Länge sowie der Passform des Kleidungsstücks. Die Vorlage für das Shiftkleid sieht enge Dreiviertelärmel vor. Wir mögen diese einfache Form besonders, weil sie den Oberarm betont und sowohl mit schwereren als auch mit leichteren Stoffen gut funktioniert. Wenn Sie jedoch andere Ärmel möchten, zeigen wir Ihnen hier drei Alternativen.

LANGER ÄRMEL MIT SCHLITZ

1 Messen Sie die Handgelenk- und Ellbogenweite samt ausreichender Bewegungszugabe sowie die Ärmellänge und notieren Sie alle Maße.

2 Pausen Sie die Vorlage für den Ärmel des Shiftkleids auf neuem Papier ab. Messen Sie die gewünschte neue Länge aus und zeichnen Sie die neue Saumkante ein. Fügen Sie auch eine Saumzugabe von 2,5 cm hinzu.

3 Zeichnen Sie die neue Ärmelnahtlinie ein. Beginnen Sie am obersten Punkt der ursprünglichen Nahtlinie und ziehen Sie die Linie bis zur neuen Saumkante. Markieren Sie die gewünschte Schlitzlänge. Übertragen Sie alle relevanten Markierungen von der ursprünglichen Schnittvorlage und schneiden Sie dann die neue Ärmelschnittvorlage aus.

4 Schließen Sie die Ärmelnaht rechts auf rechts bis zur Schlitzmarkierung. Sichern Sie das Nahtende. Bügeln Sie die Naht und falten Sie im Schlitzbereich die Nahtzugaben nach innen um. Versäubern Sie die Nahtzugaben. Säumen Sie den Ärmel und achten Sie darauf, dass die Schlitzecken rechtwinklig sind. Ausbügeln.

5 Steppen Sie die Saumkante ab und nähen Sie im Abstand von 1 cm um die Schlitzöffnung herum.

GLOCKENÄRMEL

1 Legen Sie Länge und Weite des Ärmels fest. Notieren Sie die Maße.

2 Pausen Sie die Vorlage für die Ärmel des Shiftkleids auf neues Papier ab, das breit genug für diese Ärmelform ist.

3 Messen Sie die gewünschte neue Länge aus und zeichnen Sie die neue Saumkante ein. Fügen Sie auch eine Saumzugabe von 2,5 cm hinzu.

4 Zeichnen Sie die neue Ärmelnaht so ein, dass der Ärmel unten weiter wird. Wenn der gesamte Ärmel ausgestellt sein soll, beginnen Sie am obersten Punkt der ursprünglichen Nahtlinie und lassen den Ärmel bis unten hin weiter werden. Wenn die Weite erst ab dem Ellbogen zugegeben werden soll, beginnen Sie mit der neuen Nahtlinie an dieser Stelle.

5 Übertragen Sie alle relevanten Markierungen von der ursprünglichen Schnittvorlage und schneiden Sie dann die neue Vorlage aus.

FLÜGELÄRMEL

1 Pausen Sie die Vorlage für den Ärmel des Shiftkleids auf neuem Papier ab.

2 Die neue Ärmellänge wird vom Schulterpunkt aus gemessen. Flügelärmel enden meist 2,5–5 cm unterhalb der Schulternaht.

3 Übertragen Sie dieses Maß auf die neue Schnittvorlage, ausgehend von der Nahtlinie am obersten Punkt der Armkugel. Fügen Sie eine Saumzugabe von 2,5 cm hinzu. Zeichnen Sie durch die Längenmarkierung mithilfe eines Lineals eine waagrechte Linie ein.

4 Übertragen Sie alle relevanten Markierungen von der ursprünglichen Schnittvorlage und schneiden Sie dann die neue Vorlage aus.

4

HOSE

IN DIESEM KAPITEL:

Zu einer Capsule Wardrobe gehört unbedingt auch eine Hose. Beim Nähen gibt es einige Details zu berücksichtigen, etwa die Form, die Länge und die Taillenhöhe. Wir haben als Basis eine Hose mit geradem Bein gewählt, die eine zeitlose, elegante Silhouette hat. Diese Form sieht mit jeder Taillenhöhe und in jeder Länge gut aus. Wenn Sie einen etwas legereren Stil möchten, ist die Variante mit den weiten Beinen ideal. Hosen gelten als kompliziert in der Herstellung, doch wenn Sie Ihre Maße exakt erfasst haben, werden Sie mit der Passform keine Probleme haben. Und wenn die Passform stimmt, fühlen Sie sich selbst gleich viel besser!

Grundmodell
Material
und Werkzeug
Variante: Weites Bein
Feincord
Wolle/
Kaschmir-
Mischung
Minz-
grün
Burgunder-
rot

GRUNDMODELL

Diese Hose hat eine mittelhohe, enge Taille. Sie hat:

- gerade Beine
- einen vorderen Reißverschluss
- seitliche Taschen
- Paspeltaschen hinten.

VARIANTE

Dieses Modell sitzt lockerer und hat ebenfalls einen Reißverschluss vorn. Es hat:

- weite Beine
- eine hohe Taille.

EMPFOHLENE STOFFE

Zu den Hosen passen alle Webstoffe - von Wollstoffen bis hin zu leichten Baumwollstoffen.
Wir verwenden für das Grundmodell einen burgunderfarbenen Feincord und für die Variante eine mintgrüne Mischung aus Wolle und Kaschmir.

Schnittvorlage

Die Hose hat acht Schnitteile.

ZUSCHNEIDEN:
2x VORDERES HOSENBEIN
2x RÜCKWÄRTIGES HOSENBEIN
2x TASCHE AUS OBERSTOFF
2x TASCHE AUS FUTTERSTOFF
2x BUND + 1x AUS BÜGELEINLAGE
5x GÜRTELSCHLAUFE UND
1x UNTERTRITT FÜR DEN
REISSVERSCHLUSS
PASPELSTREIFEN

Vorbereiten:

Nehmen Sie Maß (siehe Seite 12) und passen Sie die Schnittvorlage nach Bedarf an (siehe Seite 16). Wir empfehlen ein Testmodell, bevor Sie das Kleidungsstück zuschneiden (siehe Seite 18).

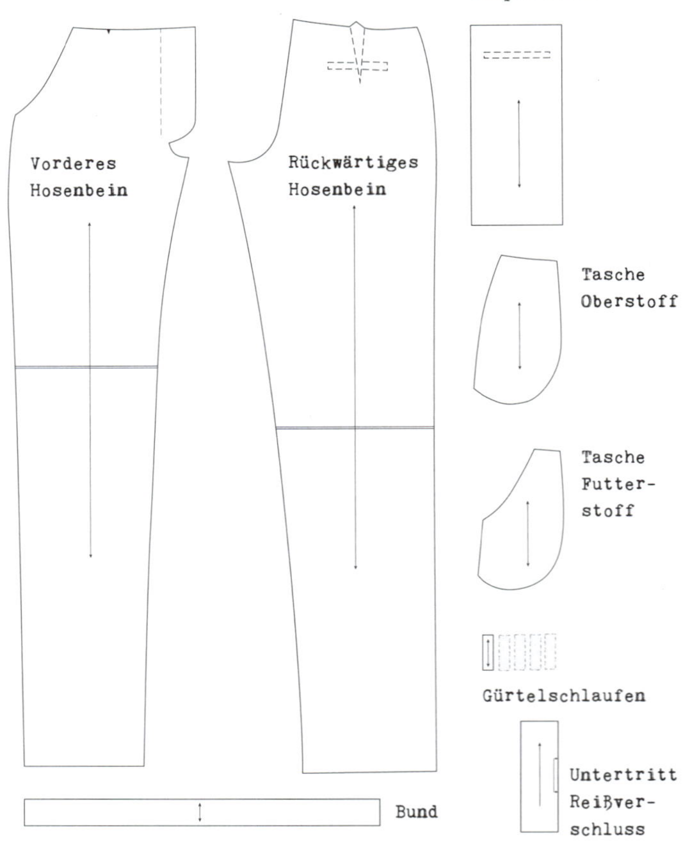

GRÖSSENÜBERSICHT

GRÖSSE	1	2	3	4	5	6
TAILLENWEITE	61 cm	66 cm	71 cm	76 cm	81 cm	86,5 cm
HÜFTWEITE	84 cm	89 cm	94 cm	99 cm	104 cm	109 cm

FERTIGE MASSE

Die Bewegungszugabe für die Hose beträgt an der Taille 4 cm und an der Hüfte 6,5 cm.

GRÖSSE	1	2	3	4	5	6
TAILLENWEITE	65 cm	40 cm	75 cm	81 cm	85 cm	90,5 cm
HÜFTWEITE	90,5 cm	95,5 cm	100,5 cm	105,5 cm	110,5 cm	115,5 cm

Zuschneideplan

So legen Sie die Schnittvorlage auf den Stoff.

Stoffbreite 115 cm

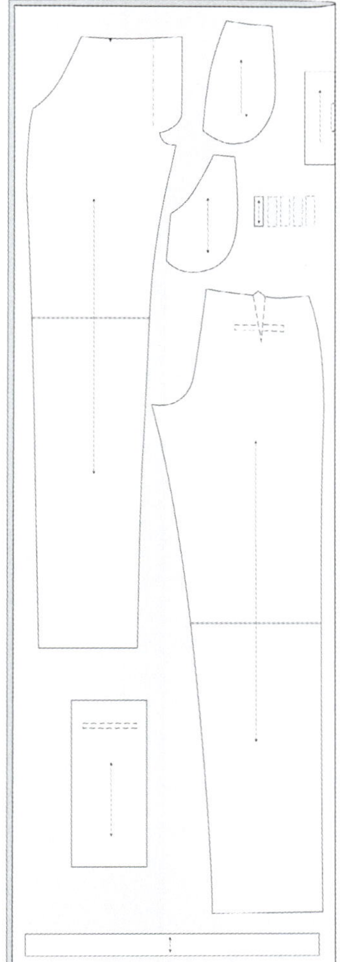

Stoffbreite 140 cm

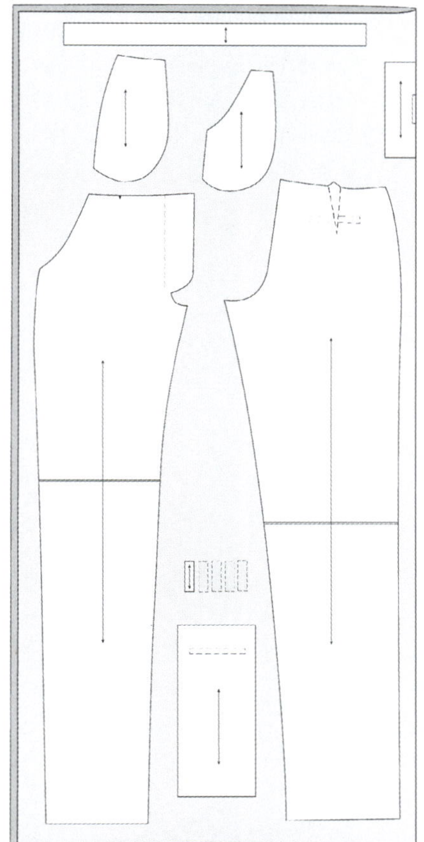

TIPPS FÜR DIE PASSFORM

Nähen Sie ein Testmodell aus ähnlichem Stoff und arbeiten Sie alle nötigen Veränderungen ein.

Bitten Sie für Änderungen, vor allem im hinteren Bereich, eine Freundin zu Hilfe.

Legen Sie die Schnittvorlage auf eine Hose, die Sie bereits tragen. So erkennen Sie die Unterschiede.

Üben Sie das Einsetzen des Reißverschlusses, denn das ist am Anfang etwas kompliziert.

Heften Sie die Hosenteile für die erste Anprobe zusammen, dann können Sie Änderungen noch leicht vornehmen.

Pausen Sie alle Schnittteile vom Original ab, dann haben Sie stets eine Grundversion, mit der Sie weiterhin arbeiten können.

STOFFMENGE

Der Stoff für den Besatz ist bereits berücksichtigt.

GRÖSSE	115 cm Breite	140 cm Breite
1	173 cm	155 cm
2	173 cm	155 cm
3	173 cm	155 cm
4	177 cm	158 cm
5	177 cm	158 cm
6	177 cm	158 cm

NÄHANLEITUNG FÜR DIE HOSE

SIE BRAUCHEN

Alle Schnittvorlagen • Schnittmusterpapier • Papierschere • Klebeband • Werkzeug zum Übertragen von Markierungen • Stoffschere • Stecknadeln • Stoff • Nähgarn • 0,25 cm Bügeleinlage in passender Stärke • 12/14 cm langen Hosenreißverschluss

VORBEREITEN

1 Übertragen Sie die Konturen aller benötigten Schnittvorlagen auf einen neuen Bogen Papier. Schneiden Sie die neuen Teile aus. Der Originalschnitt bleibt intakt.

2 Falten Sie den Stoff rechts auf rechts, wie im Zuschneideplan (siehe Seite 127) gezeigt. Legen Sie die Schnittvorlagen auf den Stoff und achten Sie dabei auf den Fadenlauf.

3 Stecken Sie alle Teile fest, übertragen Sie alle Markierungen, Einsetz- und Passzeichen (siehe Seite 17) und schneiden Sie die Teile aus. Nehmen Sie dann die Schnittvorlagen ab.

4 Schneiden Sie auch die benötigten Teile aus Bügeleinlage zu. Stabilisieren Sie alle Hosenbeine und die Taschenteile aus Futterstoff entlang ihrer Oberkante mit einer Stütznaht.

REISSVERSCHLUSS EINSETZEN

5 Setzen Sie den Hosenreißverschluss so ein, wie auf Seite 50 beschrieben. **(A)**

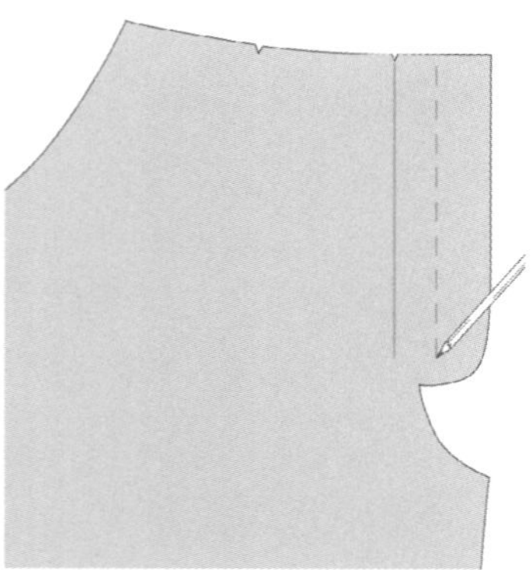

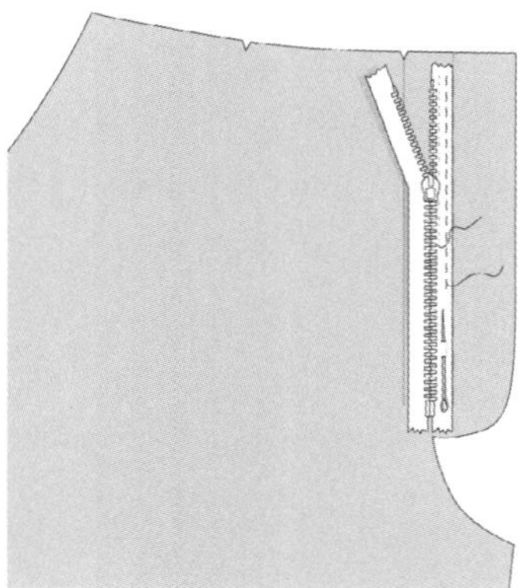

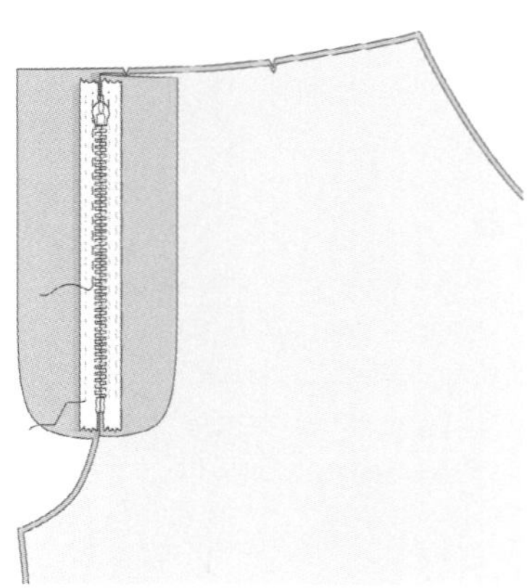

(A)

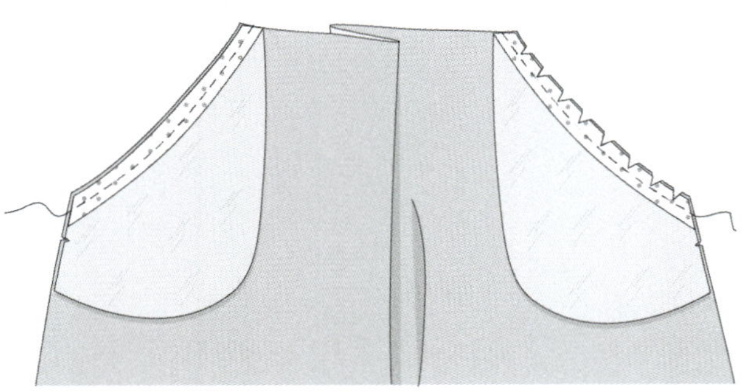

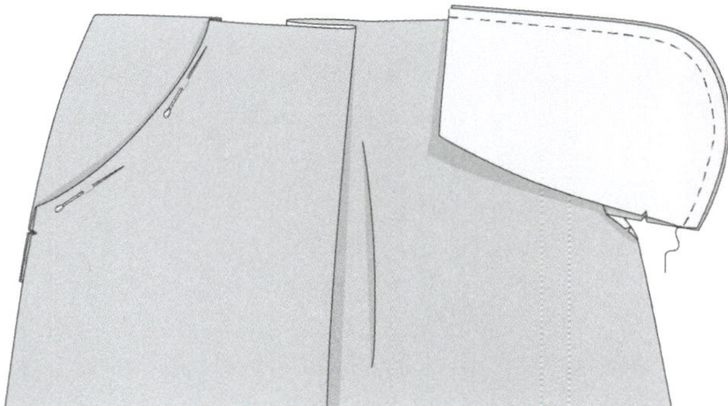

(B)

TASCHEN EINNÄHEN

6 Stecken Sie die Taschenteile aus Futterstoff rechts auf rechts auf die Taschenöffnungen, sodass die Kanten aufeinanderliegen. Nähen Sie sie von der Taille aus fest. Schneiden Sie die Nahtzugaben zurück und kerben Sie sie ein, um das Volumen zu reduzieren (siehe Seite 62). **(B)**

7 Folgen Sie den Schritten 11 bis 16 für beide Taschen. Ziehen Sie den Taschenbeutel vom Hosenbein weg, bügeln Sie die Nahtzugaben in den Taschenbeutel und steppen Sie sie fest.

8 Falten Sie den Taschenbeutel links auf links nach innen um und bügeln Sie ihn aus.

9 Arbeiten Sie von der linken Hosenseite aus und legen Sie das Taschenteil aus dem Oberstoff rechts auf rechts auf das Futterteil. Achten Sie darauf, dass die EiPasszeichen und Kanten aufeinanderliegen. Nähen Sie die Teile entlang der Außenkanten zusammen.

10 Versäubern Sie die Kante mit Zickzackstichstichen oder fassen Sie sie ein.

11 Arbeiten Sie auf links und stecken Sie die Tasche am Hosenteil fest. Achten Sie darauf, dass die Taschenöffnung flach liegt und die Steppnaht entlang der Eingriffskante auf rechts nicht sichtbar ist. Nähen Sie die Tasche entlang der Taillenlinie fest.

12 Arbeiten Sie wieder aus links und nähen Sie die Tasche auch an der seitlichen Nahtlinie fest. Bügeln Sie die Naht aus.

ABNÄHER EINARBEITEN

13 Folgen Sie den Schritten 13 bis 17 für beide Abnäher. Stecken Sie den Abnäher rechts auf rechts an der Taille fest und achten Sie darauf, dass die Markierungen aufeinandertreffen. Halten Sie den Abnäher so, dass der restliche Stoff seitlich liegt und sie gut arbeiten können.

14 Stecken Sie den Abnäher oben und unten fest. Zeichnen Sie mithilfe eines Lineals eine gerade Linie von der Abnähermarkierung an der Taillenlinie bis zur Abnäherspitze ein.

15 Nähen Sie den Abnäher mit farblich passendem Garn und Geradstichen von der breiten Seite aus zu und nähen Sie dabei über die Spitze und den Stoff hinaus.

16 Schneiden Sie die Fadenenden lang ab und verknoten Sie sie. So wird das Nahtende gesichert und die Abnäherspitze bleibt glatt.

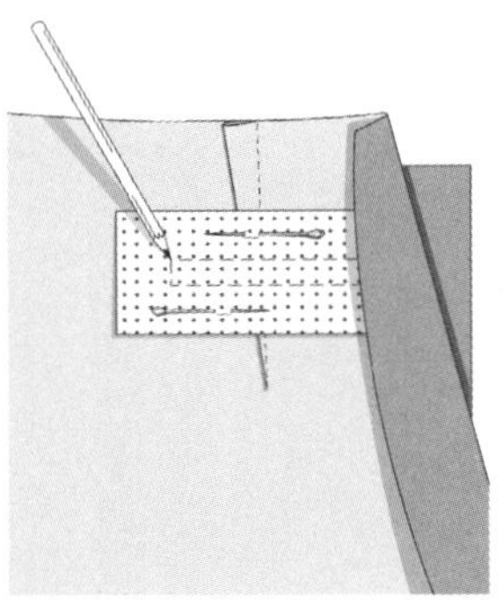
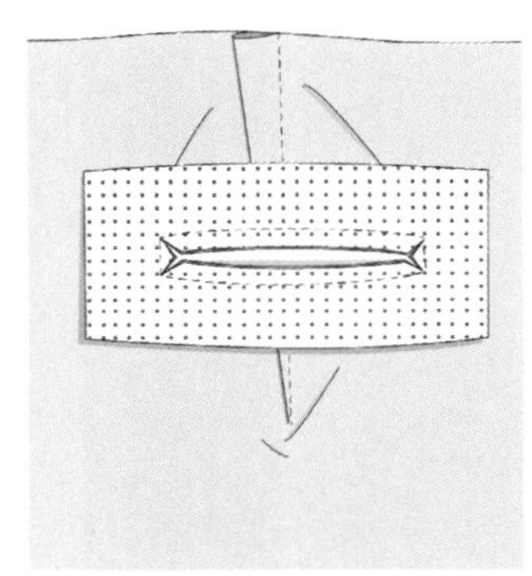
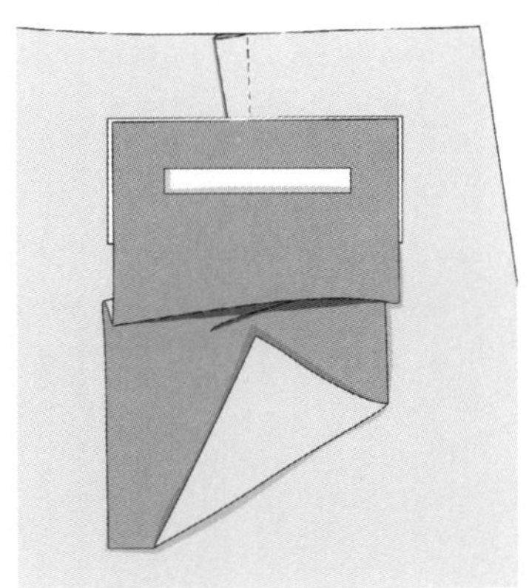

(C)

17 Bügeln Sie die Nahtlinie aus. Bügeln Sie dann den Abnäher zur seitlichen Nahtlinie.

PASPELTASCHEN NÄHEN

18 Arbeiten Sie die Paspeltaschen, wie auf Seite 63 beschrieben. **(C)**

BUND UND GÜRTEL-SCHLAUFEN VORBEREITEN

19 Für die Gürtelschlaufen falten Sie die Streifen der Länge nach links auf links und bügeln sie aus. Falten Sie sie wieder auf, klappen Sie die Längskanten so nach innen, dass sie an der Mittellinie zusammentreffen, und bügeln sie abermals aus. Steppen Sie die offene Kante zusammen. Nach Belieben können Sie auch entlang der Faltkante steppen. **(D)**

20 Verstärken Sie beide Bundteile mit Bügeleinlage.

21 Legen Sie die Position der Gürtelschlaufen fest. Wir haben die fünf Schlaufen so verteilt, dass eine an der hinteren Mitte, jeweils zwei an den Seitennähten und zwei vorn liegen. Diese Stellen entsprechen den Passzeichen auf der Schnittvorlage für den Bund.

22 Legen Sie die Schlaufen an den markierten Stellen zwischen die beiden Bundteile, stecken und heften Sie sie fest. **(E)**

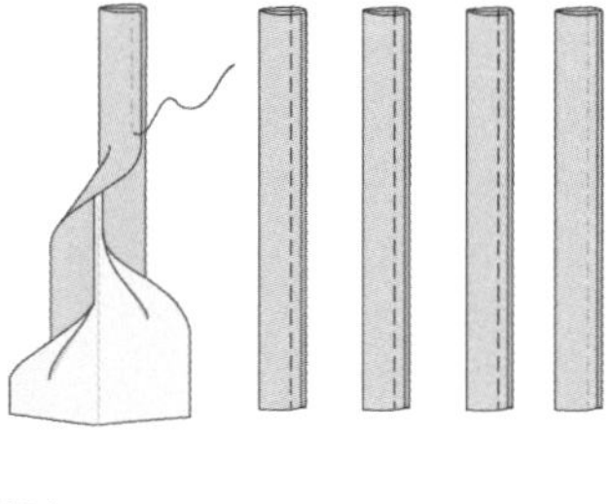

(D)

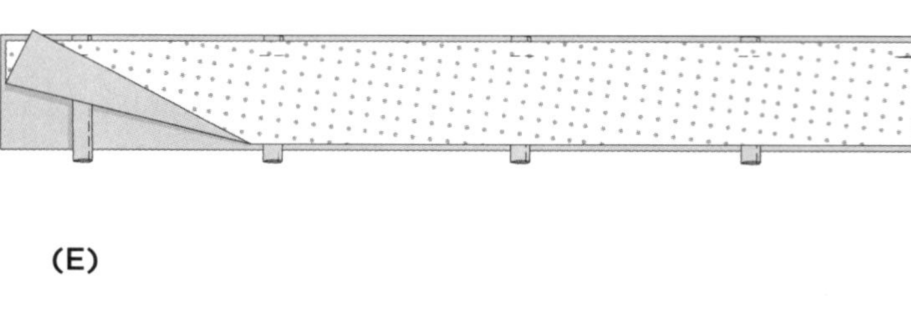

(E)

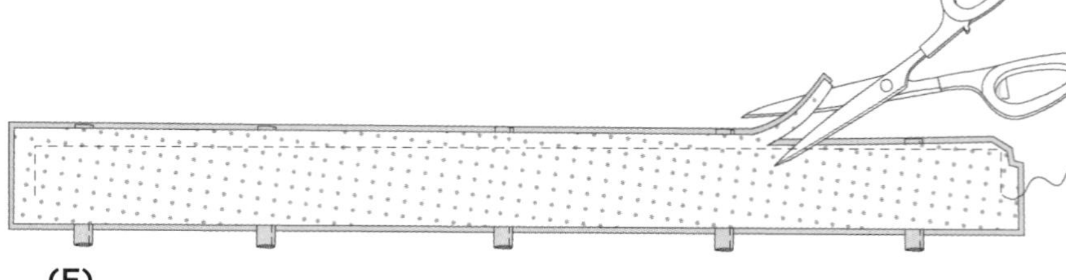

(F)

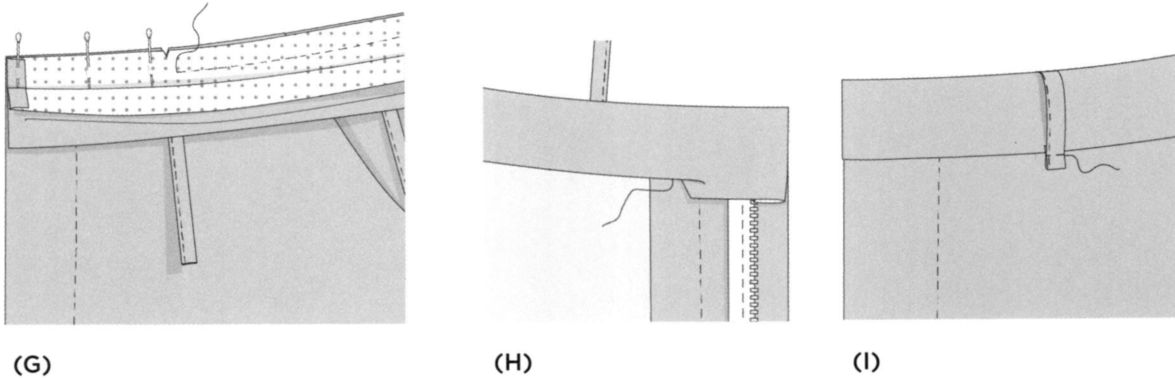

(G) (H) (I)

23 Stecken und nähen Sie die Bundteile zusammen. Beginnen Sie an einer schmalen Kante im Abstand von 1,5 cm zur Stoffkante und nähen Sie bis in die Ecke. Nähen Sie dann die Längskante entlang und fassen Sie dabei auch die Gürtelschlaufen mit. Beenden Sie die Naht 1,5 cm vor der Stoffkante. Schneiden Sie die Nahtzugaben gestuft zurück und bügeln Sie sie auf eine Seite. **(F, Seite 130)**

24 Wenden Sie den Bund auf rechts, drücken Sie die Ecken nach außen und bügeln Sie sie aus.

EINZELTEILE ZUSAMMENNÄHEN

25 Stecken Sie jeweils ein vorderes und ein rückwärtiges Hosenbein rechts auf rechts zusammen. Schließen Sie die Seitennaht, bügeln Sie die Naht aus und versäubern Sie die Nahtzugaben.

26 Legen Sie die Hosenteile so aufeinander, dass die Mittelnahtlinien genau aufeinandertreffen. Stecken Sie die Teile fest und schließen Sie die inneren Beinnähte von Saumkante zu Saumkante. Bügeln Sie die Naht aus und versäubern Sie die Nahtzugaben.

27 Wenden Sie die Hose auf rechts und stecken Sie den Bund rechts auf rechts an die Taille. Achten Sie darauf, dass die Passzeichen aufeinandertreffen und der Bund genau an der vorderen Hosenkante endet. **(G)**

28 Schließen Sie die Naht und bügeln Sie sie aus. Schneiden Sie die Nahtzugaben zurück, um das Volumen zu reduzieren (siehe Seite 60). Wenden Sie den Bund auf rechts, achten Sie darauf, dass die vorderen Ecken rechtwinklig sind und bügeln Sie sie aus.

29 Arbeiten Sie von der linken Hosenseite aus. Falten Sie die offene Bundkante nach innen um und nähen Sie sie mit Saumstichen entlang der Taillenlinie fest. Sie können auch von der rechten Hosenseite aus arbeiten und den Bund möglichst dicht neben der vorhandenen Naht feststeppen, ohne die Gürtelschlaufen zu erfassen. Ausbügeln. **(H)** Klappen Sie auf der rechten Seite die Gürtelschlaufen nach innen und steppen Sie sie fest. **(I)** Nähen Sie einen Haken und eine Öse an, um das obere Ende des Reißverschlusses zu sichern (siehe Seite 55).

30 Säumen Sie zum Schluss die Hosenbeine. Schlagen Sie dazu die Saumkante zuerst 1 cm ein, dann weitere 1,5 cm. Bügeln Sie die Kante aus und steppen Sie sie ab.

Variante

HOHER BUND UND WEITES BEIN

Wir lieben diesen Hosenstil, bei dem alles etwas lockerer sitzt und der Bund weiter oben ist. Auch diese Hose hat einen vorderen Reißverschluss und Schrägtaschen.

Zuschneideplan

So legen Sie die Schnittvorlage auf den Stoff.

Stoffbreite 115 cm

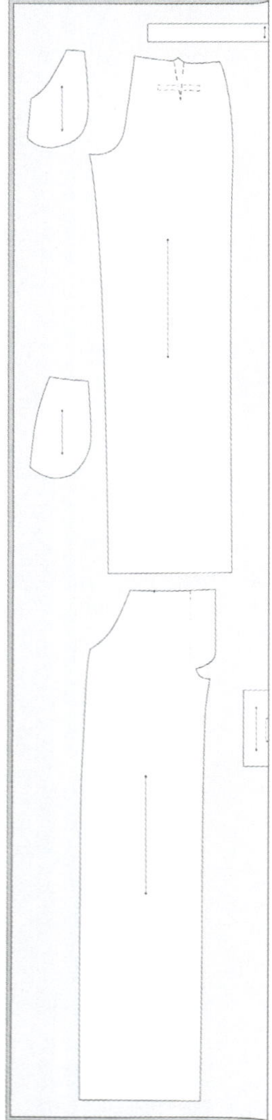

Stoffbreite 140 cm

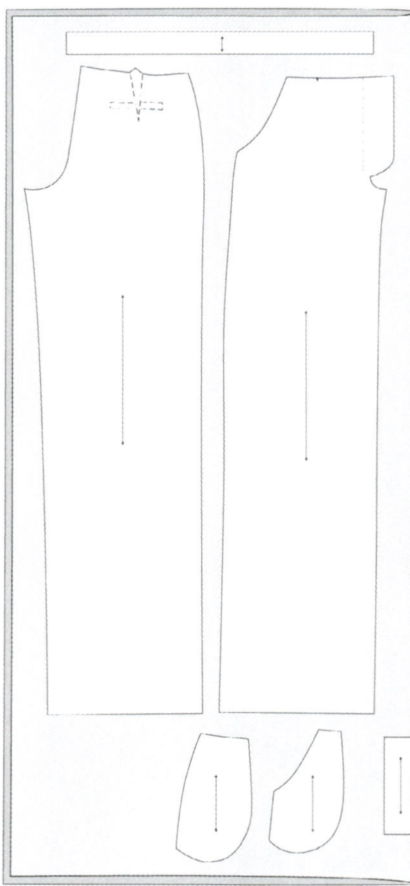

TIPP FÜR DIE PASSFORM

Wenn Sie die Hosenbeine weiter machen, verteilen Sie die Mehrweite gleichmäßig, damit sich die Beine später nicht verziehen. Bei unserem Modell ändert sich die Passform an der Hüfte nicht, sodass sie relativ eng sitzt (siehe Seite 133).

STOFFMENGE

Der Stoff für den Besatz ist bereits berücksichtigt.

GRÖSSE	115 cm Breite	140 cm Breite
1	240 cm	170 cm
2	240 cm	170 cm
3	240 cm	170 cm
4	240 cm	230 cm
5	240 cm	230 cm
6	240 cm	230 cm

SIE BRAUCHEN

Sie brauchen alle Schnittvorlagen des Grundmodells mit Ausnahme der Gürtelschlaufen und des Paspelstreifens.

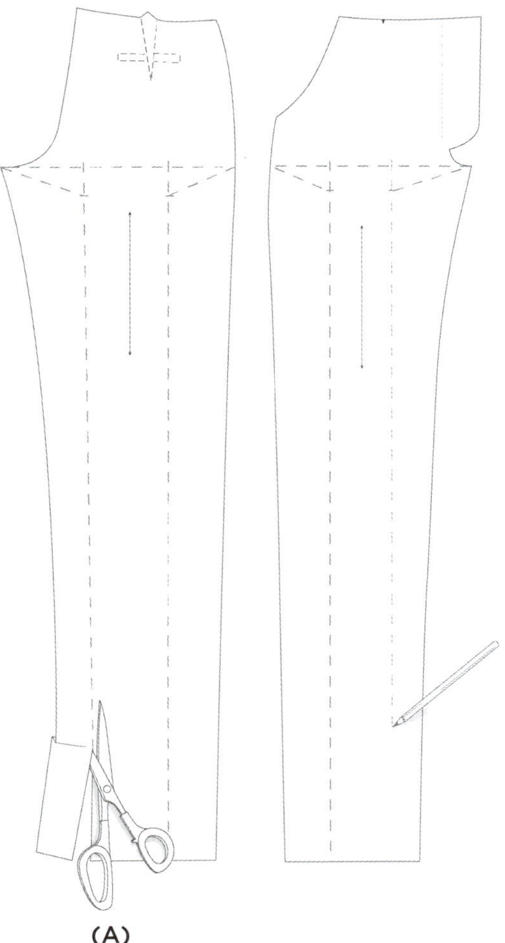

(A)

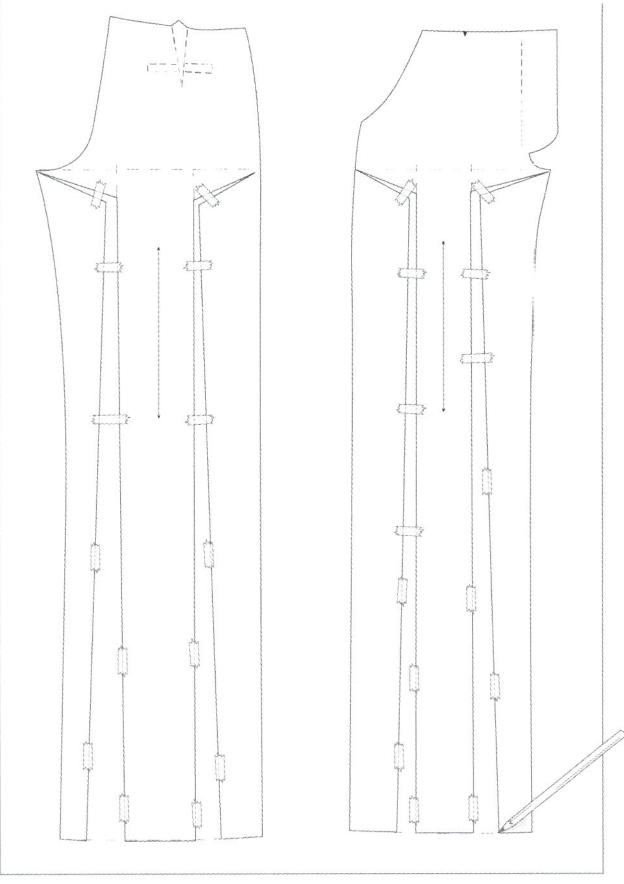

(B)

TAILLE ANPASSEN

1 Legen Sie fest, wie Ihre Hose sitzen soll. Hosen mit hohem Bund gehen meist bis zur Taillenlinie.

2 Pausen Sie alle benötigten Schnittvorlagen auf neuem Papier ab. Legen Sie die Vorlagen auf das Papier und stecken Sie sie fest.

3 Verlängern Sie mithilfe eines Lineals beim vorderen Hosenbein die vordere und seitliche Nahtlinie um 2,5 cm nach oben. Verlängern Sie den Abnäher entlang den Markierungslinien entsprechend, sodass er an der Taille tiefer ist.

4 Zeichnen Sie 2,5 cm oberhalb der ursprünglichen Taillenlinie in regelmäßigen Abständen Punkte ein und verbinden Sie diese Punkte zur neuen Taillenlinie.

5 Wiederholen Sie die Schritte 3 bis 4 für das rückwärtige Hosenbein.

6 Passen Sie die Taillenweite Ihrem Maß an. Teilen Sie dazu Ihre Taillenweite durch 4 und wenden Sie dieses Maß auf beide Schnittvorlagen an. Sie können die Weite am Abnäher und/oder an der Seitennaht anpassen, doch die Nahtzugabe muss gleich bleiben.

SCHRÄGTASCHEN

Wenn Sie die Taillenweite verändert haben, müssen Sie auch die Schnittvorlagen für die seitlichen Taschen entsprechend anpassen.

SCHRITTHÖHE PRÜFEN

7 Prüfen Sie die Schritthöhe und messen Sie von der vorderen Mitte aus durch die Beine und bis zur hinteren Mitte.

8 Vergleichen Sie dieses Maß mit der Schnittvorlage. Messen Sie dazu bei der Vorlage die vordere und rückwärtige Höhe entlang der Mittelnaht und ziehen Sie die Nahtzugaben ab. Wenn Sie die Schritthöhe verändern müssen, berechnen Sie die Differenz zwischen den beiden Maßen und teilen das Ergebnis durch 2. Ziehen Sie auf halber Höhe zwischen der Taille und dem Beginn der inneren Beinnaht eine waagrechte Linie und schneiden Sie die Schnittvorlage hier durch. Verändern Sie die Vorlage, indem Sie die Teile um das gewünschte Maß auseinander- oder zusammenschieben.

9 Sobald alle Vorlagenteile angepasst sind, prüfen Sie, ob die Maße stimmen und nähen Sie ein Testmodell (siehe Seite 18), an dem Sie dann die letzten Veränderungen vornehmen können.

HOSENBEINE WEITER MACHEN

10 Schneiden Sie die neuen Vorlagen aus und legen Sie sie auf einen breiten Bogen Papier.

11 Messen Sie auf dem vorderen Hosenbein quer über die Hüftlinie und bringen Sie zwei Markierungen an, sodass die Strecke in drei gleiche Teile unterteilt wird. Ziehen Sie von jeder Markierung eine senkrechte Linie bis zur Saumkante, wobei die Linien parallel zu den seitlichen Nahtlinien verlaufen. Messen Sie von der Hüftlinie auf den beiden Hilfslinien 5 cm nach unten und verbinden Sie diese Punkte seitlich mit den Stellen, an denen die Hüftlinie auf die seitlichen Nahtlinien trifft. **(A, Seite 135)**

12 Schneiden Sie die Vorlage entlang den senkrechten und schrägen Hilfslinien bis kurz vor die oberen Punkte auf, aber schneiden Sie das Papier nicht ganz durch. Stecken Sie das Papier provisorisch fest oder beschweren Sie es mit Stoffgewichten. Drehen Sie dann die drei Partien so auf, dass sie an der Saumkante jeweils einen Abstand von 4 cm haben. Stecken bzw. kleben Sie die Teile fest. **(B, Seite 135)**

13 Zeichnen Sie die neue Saumlinie ein.

14 Wiederholen Sie die Schritte 11 bis 13 für das rückwärtige Hosenbein und achten Sie auf gleichmäßige Abstände.

15 Schneiden Sie die Schnittteile aus und übertragen Sie Passzeichen und Markierungen.

BUND ANPASSEN

16 Pausen Sie die Schnittvorlage für den ursprünglichen Bund ab. Messen Sie bei den neuen Vorlagen für die Hosenbeine die Bundweite entlang der Taillenlinie aus. Denken Sie daran, dass Sie zwei vordere und zwei rückwärtige Teile haben und ziehen Sie alle Nahtzugaben ab. Passen Sie die Bundlänge entsprechend an. Übertragen Sie die Markierungen von der ursprünglichen Vorlage und passen Sie die Positionen so an, dass Sie den neuen Vorlagen entsprechen.

STOFFTEILE AUSSCHNEIDEN

17 Legen Sie alle Schnittvorlagen auf den Stoff und achten Sie auf den korrekten Fadenlauf.

18 Stecken Sie die Vorlagen fest und schneiden Sie die Stoffteile aus. Übertragen Sie alle nötigen Markierungen und nehmen Sie die Vorlagen dann ab (siehe Seite 17).

TASCHEN, REISSVERSCHLUSS UND ABNÄHER EINARBEITEN

19 Folgen Sie der Anleitung auf Seite 62 für die Schrägtaschen.

20 Folgen Sie der Anleitung auf Seite 50 für den Reißverschluss.

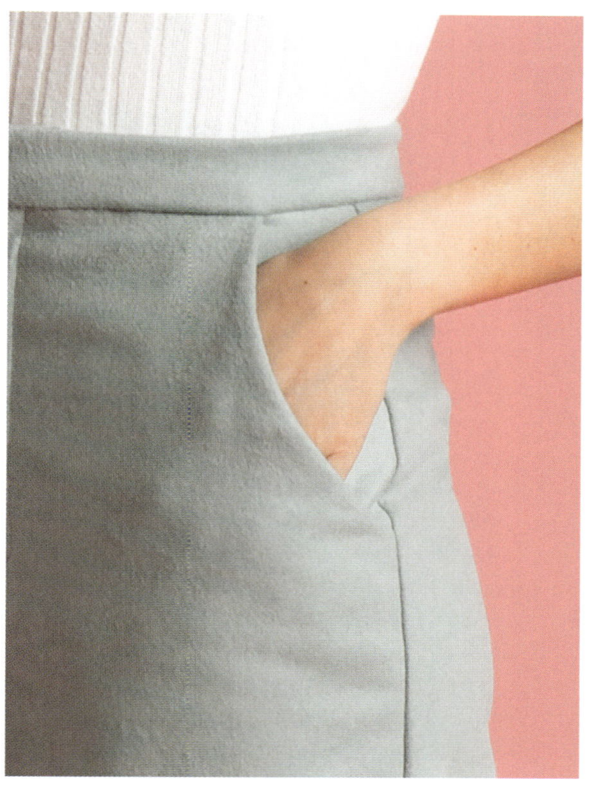

21 Arbeiten Sie die Abnäher ein, wie beim Grundmodell in den Schritten 17 bis 21 beschrieben.

BUND ANNÄHEN

22 Bereiten Sie den Bund so vor, wie beim Grundmodell, doch ohne die Gürtelschlaufen.

23 Nähen Sie die Hosenteile zusammen und setzen Sie den Bund an, wie beim Grundmodell in den Schritten 23 bis 36 beschrieben.

HOSE FERTIGSTELLEN

24 Folgen Sie der Anleitung auf Seite 55 und nähen Sie einen Haken und eine Öse an.

25 Säumen Sie zum Schluss die Hosenbeine. Schlagen Sie dazu die Saumkante erst 1 cm ein, dann 1,5 cm. Bügeln Sie die Kante. Je nach Stoffart steppen Sie den Saum ab oder nähen ihn mit der Hand fest. Folgen Sie dazu der Anleitung auf Seite 44.

Eigene Schnittabwandlung

HOSE MIT AUFSCHLAG

Ein Aufschlag passt zu vielen Hosen. Er lässt sich sehr leicht nähen, doch zunächst müssen Sie die Schnittvorlage verlängern. Der hier beschriebene Aufschlag ist 4 cm breit.

1 Pausen Sie die Schnittvorlage für das Grundmodell auf einen langen Bogen Papier ab und verlängern Sie beide Hosenbeine um 11 cm (inklusive 3 cm Saumzugabe). Versäubern Sie die Saumkanten. Markieren Sie die fertige Beinlänge mit einer Stecknadel auf der rechten Stoffseite im Abstand von 11 cm zur Unterkante.

2 Stecken Sie eine zweite Nadel 4 cm unterhalb der ersten in den Stoff, um die obere Kante des Aufschlags zu markieren. Falten Sie dann den unteren Teil des Beines rechts auf rechts nach oben, sodass die erste Markierung genau in der Faltkante liegt. Stecken Sie den Stoff fest. **(A)**

3 Falten Sie nun die Stoffkante links auf links wieder nach unten, sodass die zweite Markierung genau in der neuen Faltkante liegt. Stecken Sie den Stoff fest. **(B)** Falten Sie die Saumzugabe nach innen in das Hosenbein. Stecken Sie alles fest.

4 Prüfen Sie, ob der Aufschlag überall gleich breit ist, entfernen Sie dann alle Stecknadeln und bügeln Sie den Stoff. Stecken Sie den Aufschlag rechts auf rechts mit senkrecht angebrachten Stecknadeln wieder fest. **(C)**

5 Wenden Sie das Hosenbein auf links. Entfernen Sie die Stecknadeln aus der rechten Stoffseite, ziehen Sie den Aufschlag vorsichtig heraus und stecken Sie die Saumzugabe fest. Steppen Sie die versäuberte Kante fest oder falten Sie die unversäuberte Kante nach innen und nähen Sie sie dann fest. Arbeiten Sie das zweite Hosenbein genauso.

6 Wenden Sie die Hose auf rechts, bringen Sie die Aufschläge in Form, sodass sie alle waagrechten Nahtlinien überdecken und bügeln Sie sie.

7 Richten Sie die seitlichen Nahtlinien exakt aus und nähen Sie jeden Aufschlag rechts und links mit ein paar Handstichen fest.

(A)

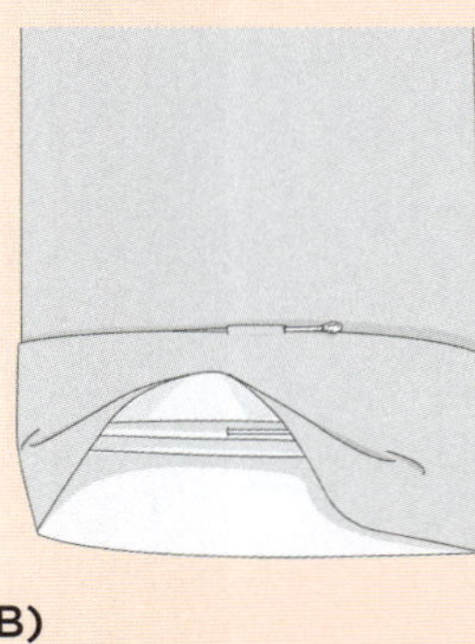

(B)

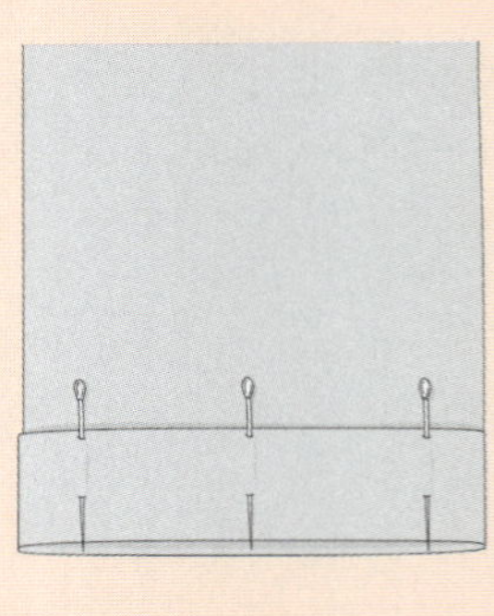

(C)

Bügelfalte einarbeiten

Mit einer Bügelfalte wirkt jede Hose gleich formeller. Bügelfalten passen sehr gut zu hochwertigen Stoffen – und sie lassen die Beine länger wirken.

1 Legen Sie die vorderen Hosenbeine auf ein Bügelbrett, bevor Sie die einzelnen Hosenteile zusammennähen. Falten Sie jedes Bein der Länge nach genau in der Mitte, sodass die linke Stoffseite innen liegt. Stellen Sie die für den Stoff maximale Bügeltemperatur ein und bügeln Sie die Falte vom Oberschenkel bis zum Saum ein, bügeln Sie aber nicht die Saumkante, damit sie sich nicht verzieht.

2 Halten Sie die Hosenbeine an den Körper und prüfen Sie, ob Sie mit den Bügelfalten zufrieden sind. Wenn nicht, können Sie jetzt noch nacharbeiten oder die Falten neu einbügeln.

3 Arbeiten Sie das zweite Hosenbein entsprechend und achten Sie auf die Maße. Versehen Sie dann auch die rückwärtigen Hosenbeine mit Bügelfalten, die vom Oberschenkel bis zur Saumkante verlaufen, aber nicht über die Hüftlinie hinausgehen.

UMGANG MIT BÜGELFALTEN

- Bügeln Sie die Falten immer wieder nach. Je sorgfältiger Sie bügeln, desto länger bleiben die Falten im Stoff!
- Verwenden Sie für lange, akkurate Falten ein Bügelholz. Fahren Sie mit diesem Hilfsmittel auf der linken Stoffseite genau auf der Faltenlinie entlang und bügeln Sie die Falte dann von der rechten Stoffseite aus ein.
- Rollen Sie nach dem Bügeln mit einem Nudelholz über die Bügelfalten. Mit diesem alten Hausfrauentrick sollen die Faltkanten ganz besonders lange erhalten bleiben!

Eigene Schnittabwandlung

HOSE MIT ENGEM BEIN

Bei unserem Grundmodell sind die Hosenbeine gerade geschnitten. Wenn Sie eine etwas engere Passform möchten, können Sie die Beine ganz einfach enger machen.

1 Pausen Sie die Schnittvorlagen des Grundmodells auf einen neuen Bogen Papier ab.

2 Arbeiten Sie bei beiden Vorlagen von der Hüftlinie aus und machen Sie die Hosenbeine enger. Zeichnen Sie die neuen Nahtlinien ein und lassen Sie sie nach unten hin leicht schräg zulaufen. Bedenken Sie aber, dass eine Reduzierung um nur 1,25 cm pro Seite das Hosenbein insgesamt um 5 cm enger werden lässt – aus wenig wird viel! Sie können auch mit der Einschneidetechnik (siehe Seite 135) arbeiten und die einzelnen Partien überlappen lassen, anstatt sie auseinanderzuziehen.

3 Wenn die Hosenbeine unten leicht schräg verlaufen, müssen Sie diese Schräge bei der Saumkante in der entgegengesetzten Richtung berücksichtigen, damit der Saum später flach liegt. Falten Sie die Vorlage an der Saumkante und übertragen Sie den schrägen Verlauf.

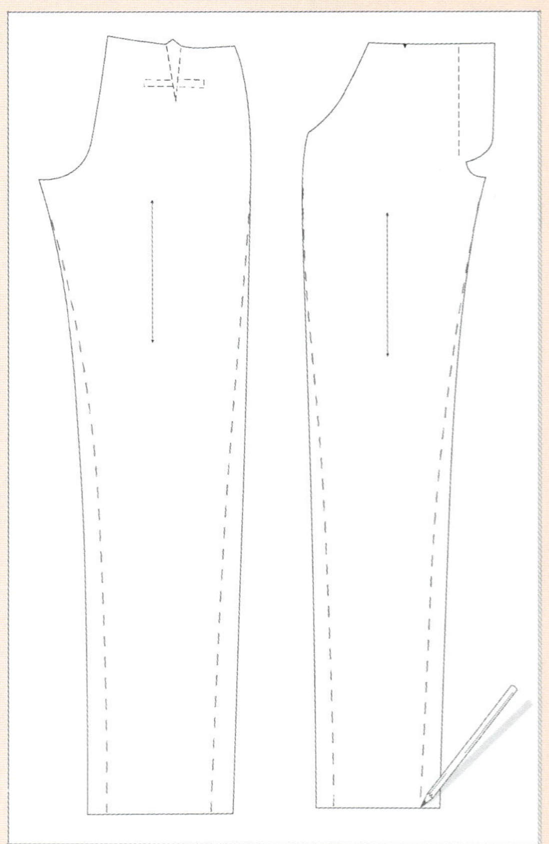

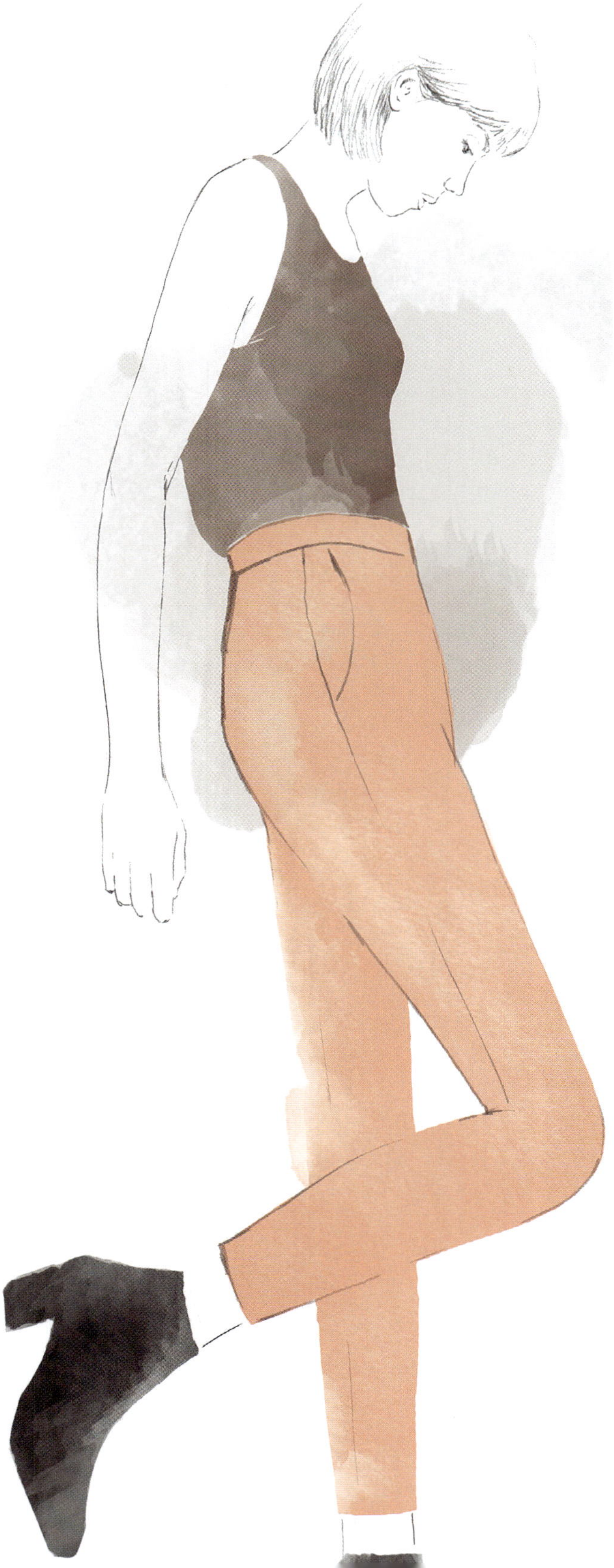

WIE ENG SOLL ES SEIN?

Wenn Sie eine enge Hosen haben, die gut passt, dann richten Sie sich mit Ihrer neuen Schnittvorlage nach diesem Modell. Übertragen Sie die Konturen der Hose auf einen Bogen Papier und fügen Sie überall Nahtzugaben hinzu. Bei sehr engen Hosenbeinen sollten Sie vorher prüfen, ob der Fuß noch durch die Beine passt. Wenn nötig, können Sie seitlich an der Saumkante einen kleinen Schlitz einarbeiten.

Eigene Schnittabwandlung

CULOTTE

Eine Culotte hat sehr viel Volumen und braucht entsprechend viel Stoff. Verwenden Sie einen leichten Stoff, damit die Hose weich fällt.

1 Pausen Sie vorderes und rückwärtiges Hosenbein des Grundmodells auf neues Papier ab.

2 Zeichnen Sie eine neue Saumlinie in Knie- oder Wadenhöhe und fügen Sie 2,5 cm Saumzugabe hinzu. Achten Sie darauf, dass die vordere Länge der rückwärtigen entspricht. Übertragen Sie alle relevanten Markierungen und schneiden Sie die neuen Vorlagen aus.

3 Zeichnen Sie drei senkrechte Linien ein, die die Hosenbeine in je vier Teile unterteilen. Achten Sie darauf, dass der Abnäher und die Rundung intakt bleiben. Die Markierungen für den Hosenschlitz können Sie später anpassen.

4 Schneiden Sie die Vorlagen entlang den Linien bis etwa 1,5 cm unterhalb der Taille auf, legen Sie auf einen neuen Bogen Papier und ziehen Sie die Teile auseinander. Achten Sie auf dasselbe Maß beim vorderen und rückwärtigen Hosenbein. Legen Sie die endgültige Weite fest. Wenn der Abstand zwischen den Teilen an der Saumkante jeweils 7,5 cm beträgt, geben Sie sowohl vorn als auch hinten jeweils 22,5 cm zu. Die insgesamt 45 cm Mehrweite geben dem Stoff sehr viel Schwung!

5 Wenn die Form stimmt, zeichnen Sie die neuen Konturlinien ein. Prüfen Sie stets, ob alle Maße stimmen, übertragen Sie alle relevanten Markierungen und schneiden Sie die neuen Vorlagen aus. Wenn Sie an der Schrittlänge und der Taille nichts verändert haben, sollte die neue Hose gut sitzen. Nähen Sie alle Teile zusammen, wie beim Grundmodell auf Seite 128 beschrieben.

BLUSE

IN DIESEM KAPITEL:

Eine Bluse ist die perfekte Ergänzung zu allen hier vorgestellten Teilen. Ihre Wirkung hängt vom Stoff und vom Schnitt ab. Sie kann klassisch schick und dezent sein, kann aber auch die volle Aufmerksamkeit auf sich ziehen, wenn Farbe oder Muster sehr auffällig sind. Formell oder leger, anmutig oder süß – eine Bluse kann auch Ihre eigene Stimmung beeinflussen. Die Manschette bei unserem Grundmodell lässt die Bluse eher formell wirken und der kleine Stehkragen unterstreicht diesen Eindruck. Aus einem leichten Stoff genäht, wirkt sie immer fließend und weich. Das zweite Modell ist legerer und wurde dazu passend mit Glockenärmeln ausgestattet.

Material
und Werkzeug
Crêpe
de Chine
Monochromer
Print
Baumwoll-
batist
Knötchenstoff

Bluse

Variante: Freizeitbluse

GRUNDMODELL

Die Bluse ist leicht tailliert und wird mit kleinen Knöpfen geschlossen. Sie hat:

- einen kleinen Stehkragen
- lange Ärmel mit Manschetten
- eine abgerundete Saumkante.

VARIANTE

Die Freizeitbluse ist weiter geschnitten und hat einen V-Ausschnitt.
Sie hat außerdem:

- Glockenärmel
- einen Gummizug am Saum
- einen mit Schrägband eingefassten Ausschnitt.

EMPFOHLENE STOFFE

Zu dieser Art Bluse passen leichte Baumwollstoffe, Chiffon und Leinen. Sie können ein auffälliges Muster wählen oder Knopfleiste, Schlitzkante oder Kragen in einer Kontrastfarbe nähen. Wir verwenden für das Grundmodell einen Crêpe de Chine aus Polyester und für das zweite Modell einen Baumwollbatist mit Knötchenstickerei.

Schnittvorlage

Die Bluse hat sieben Schnittteile.

ZUSCHNEIDEN:
2x VORDERTEIL
1x RÜCKENTEIL IM STOFFBRUCH
4x KNOPFLEISTE + 2x AUS BÜGELEINLAGE
2x KRAGEN + 2x AUS BÜGELEINLAGE
2x ÄRMEL
2x MANSCHETTE + 2x AUS BÜGELEINLAGE
2x SCHLITZBESATZ + 2x AUS BÜGELEINLAGE

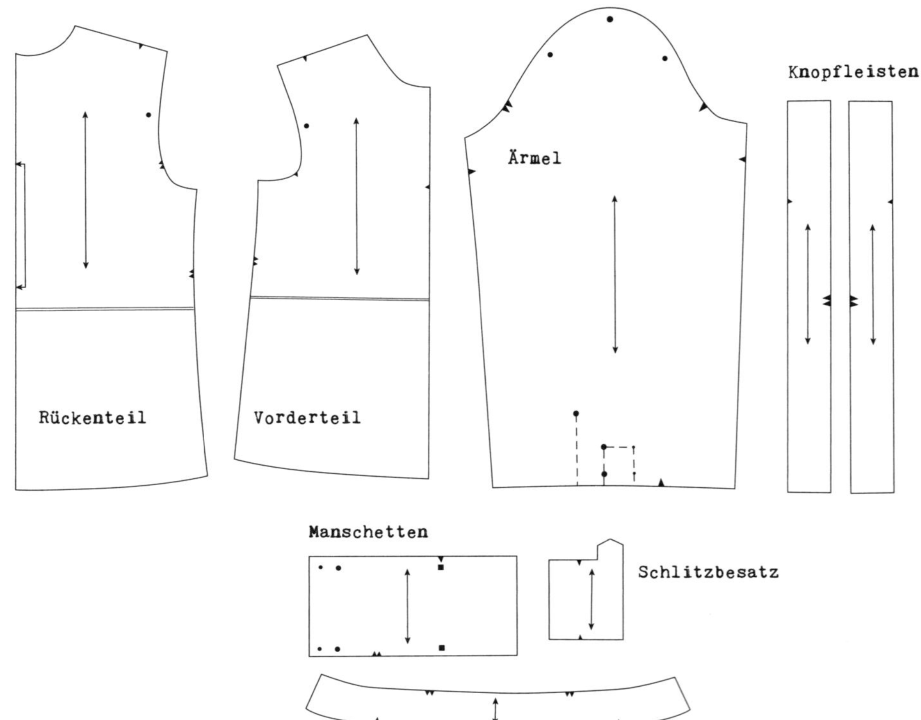

Vorbereiten:

Nehmen Sie Maß (siehe Seite 12) und passen Sie die Schnittvorlage nach Bedarf an (siehe Seite 16). Wir empfehlen ein Testmodell, bevor Sie das Kleidungsstück zuschneiden (siehe Seite 18).

GRÖSSENÜBERSICHT

GRÖSSE	**1**	**2**	**3**	**4**	**5**	**6**
BRUSTWEITE	81 cm	86,5 cm	91,5 cm	96,5 cm	101,5 cm	106,5 cm
TAILLENWEITE	61 cm	66 cm	71 cm	76 cm	81 cm	86,5 cm

FERTIGE MASSE

Die Bewegungszugabe für die Bluse beträgt an der Brust 12 cm und in der Taille 29 cm.

GRÖSSE	**1**	**2**	**3**	**4**	**5**	**6**
BRUSTWEITE	93 cm	98,5 cm	103,5 cm	108,5 cm	113,5 cm	118,5 cm
TAILLENWEITE	90 cm	95 cm	100 cm	105 cm	110 cm	115,5 cm

Zuschneideplan

So legen Sie die Schnittvorlage auf den Stoff.

Pausen Sie alle Schnittteile ab und arbeiten Sie damit weiter. Das Originalschnittmuster bleibt so erhalten.

TIPP FÜR SEHR GLATTE STOFFE

Legen Sie ein Stück Baumwollkattun auf den Arbeitstisch, dann verrutscht der Stoff nicht so leicht. Achten Sie darauf, dass Sie den Kattun nicht mitschneiden!

Stoffbreite 115 cm

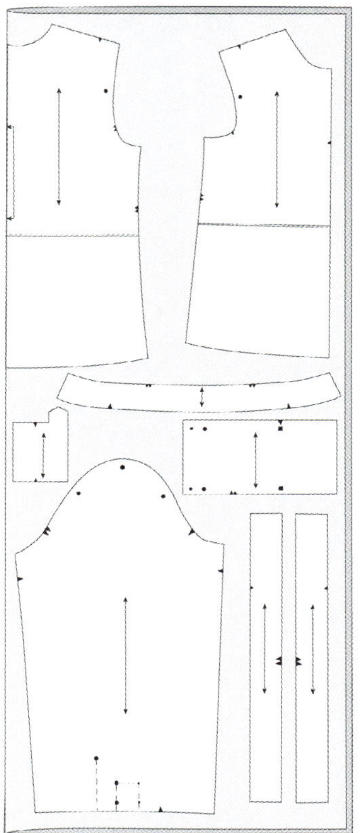

Stoffbreite 140 cm

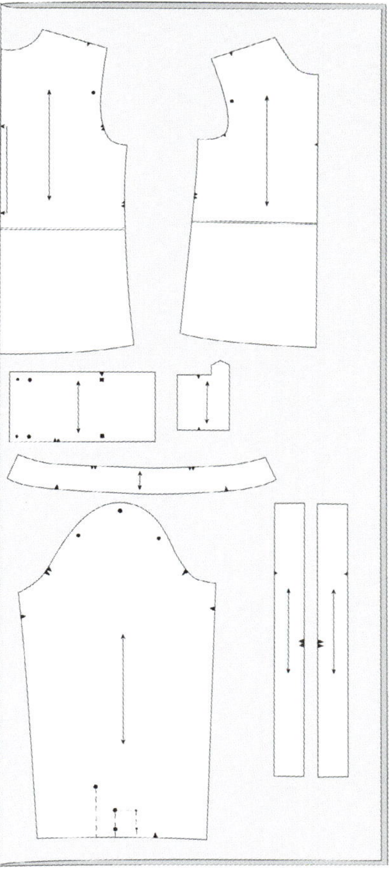

STOFFMENGE

Der Stoff für den Besatz ist bereits berücksichtigt.

GRÖSSE	115 cm Breite	140 cm Breite
1	154 cm	159 cm
2	154 cm	159 cm
3	154 cm	159 cm
4	159 cm	164 cm
5	159 cm	164 cm
6	159 cm	164 cm

NÄHANLEITUNG FÜR DIE BLUSE

SIE BRAUCHEN

Alle Schnittvorlagen • Schnittmusterpapier • Papierschere • Klebeband • Stoffschere • Werkzeug zum Übertragen von Markierungen • Stecknadeln • Stoff • Nähgarn • 0,5 m leichte Bügeleinlage • Feine, spitze Nähmaschinennadel • Zwillingsnadel (optional) • 10 Knöpfe mit 1,25 cm Durchmesser

VORBEREITEN

1 Übertragen Sie die Konturen aller benötigten Schnittvorlagen auf einen neuen Bogen Papier. Schneiden Sie die neuen Teile aus. Der Originalschnitt bleibt intakt.

2 Falten Sie den Stoff rechts auf rechts, wie im Zuschneideplan auf Seite 149 gezeigt. Legen Sie die Schnittvorlagen auf den Stoff, achten Sie auf den Fadenlauf und legen Sie die mit „Stoffbruch" bezeichneten Kanten genau auf den Stoffbruch. Stecken Sie alle Teile fest und schneiden Sie sie aus. Übertragen Sie alle Markierungen (siehe Seite 17) und nehmen Sie dann die Schnittvorlagen ab.

3 Schneiden Sie die benötigten Teile aus Bügeleinlage zu. Wir empfehlen auch hier, ein Testmodell zu nähen. Verstärken Sie den Ausschnitt mit einer Stütznaht.

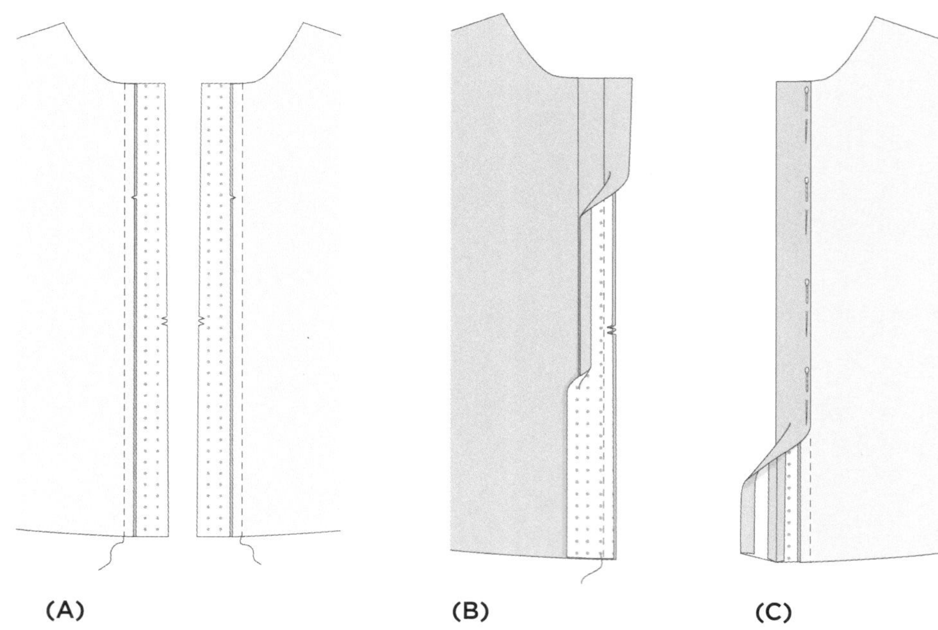

(A) (B) (C)

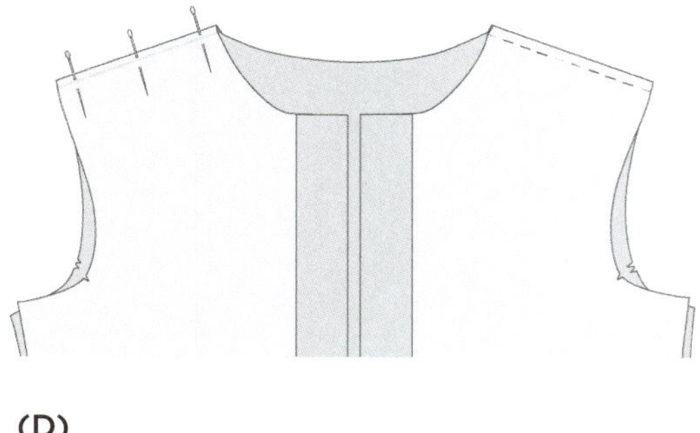

(D)

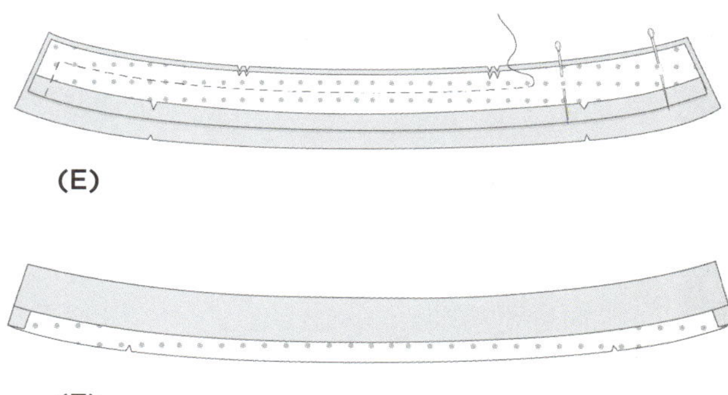

(E)

(F)

KNOPFLEISTE ANNÄHEN

4 Verstärken Sie die beiden äußeren Leistenteile mit Bügeleinlage. Nähen Sie die Knopfleisten an, wie in den Schritten 5 bis 9 beschrieben.

5 Legen Sie eine Leiste mit Bügeleinlage rechts auf rechts an die Vorderkante des Vorderteils und achten Sie auf die Passzeichen, stecken Sie sie fest und nähen Sie sie an. Schneiden Sie die Nahtzugaben zurück und bügeln Sie sie in die Knopfleiste hinein. **(A)**

6 Klappen Sie die angenähte Leiste nach außen und stecken Sie rechts auf rechts das zweite Leistenteil darauf. Achten Sie auf die Passzeichen und nähen Sie die Teile zusammen.

7 Klappen Sie die offene Längskante 1,5 cm nach innen, sodass die Faltkante direkt auf der Ansatznaht der Leiste liegt und bügeln Sie darüber. **(B)**

8 Von der linken Stoffseite aus bügeln Sie die beiden Nahtzugaben zueinander hin und falten die Kante so weit um, dass die Faltkante über der ursprünglichen Nahtlinie liegt. Bügeln Sie alles.

9 Stecken sie die Leiste fest und heften Sie sie. Sie wird später abgesteppt. **(C)**

EINZELTEILE ZUSAMMENNÄHEN

10 Stecken Sie die vorderen Blusenteile und das Rückenteil an den Schulter- und Seitennähten zsammen. Wenn Sie französische Nähte möchten (siehe Seite 40), müssen die Teile links auf links liegen, damit die Stoffkanten eingefasst werden. Ansonsten legen Sie die Teile rechts auf rechts, schließen und bügeln die Nähte und versäubern die Nahtzugaben.

11 Für die französischen Nähte folgen Sie der Anleitung auf Seite 40. Nähen Sie die erste Naht im Abstand von 5 mm zur Stoffkante, die zweite Naht im Abstand von 1 cm zur neuen Faltkante. Bügeln Sie die Partie. **(D)**

KRAGEN ANNÄHEN

12 Verstärken Sie den Halsausschnitt mit einer Stütznaht und bügeln Sie die Bügeleinlage auf ein Kragenteil.

13 Falten Sie die untere Kante des Kragenteils 1,5 cm nach innen um und bügeln Sie es.

14 Stecken Sie beide Kragenteile rechts auf rechts zusammen und achten Sie auf die Passzeichen. Nähen Sie die Teile von einer kurzen Kante aus an drei Seiten zusammen. Nähen Sie dabei auch über die nach innen gefaltete Unter-

kante. Bügeln Sie die Naht und schneiden Sie die Ecken zurück. **(E, Seite 151)**

15 Wenden Sie den Kragen auf rechts. **(F, Seite 151)**

16 Stecken Sie den Kragen rechts auf rechts an den Halsausschnitt und heften Sie ihn fest. Achten Sie darauf, dass Sie die eingefaltete Kante und den restlichen Blusenstoff dabei nicht mitfassen. So können Sie sichergehen, dass die beiden Kragenteile vorn exakt aufeinandertreffen. Schließen Sie die Naht, schneiden Sie die Nahtzugaben zurück und bügeln Sie die Partie. **(G)**

17 Falten Sie den Kragen nach innen, stecken Sie die offene Kante fest und nähen Sie sie mit der Maschine oder mit der Hand fest (siehe Seite 39 und 36). **(H)**

SCHLITZBESATZ ANNÄHEN

18 Prüfen Sie, ob Sie von der Schnittvorlage alle relevanten Markierungen auf den Stoff übertragen haben, auch die Einschnittlinie.

19 Sie brauchen für jeden Ärmel einen Schlitzbesatz und Bügeleinlage. Die Einschnittlinie und die Nahtlinien müssen Sie auch auf die Bügeleinlage übertragen.

20 Verstärken Sie den Schlitzbesatz mit Bügeleinlage, und zwar mittig auf der längeren Seite. Nähen Sie dann den Schlitzbesatz an, wie in den Schritten 20 bis 29 beschrieben. **(I)**

21 Schlagen Sie auf links die Längskante 6 mm nach innen, sodass sie die Bügeleinlage etwas überdeckt und bügeln Sie darüber. Falten Sie auch die gegenüberliegende Kante um, zum Schluss auch die Kanten entlang der Spitze. **(J)**

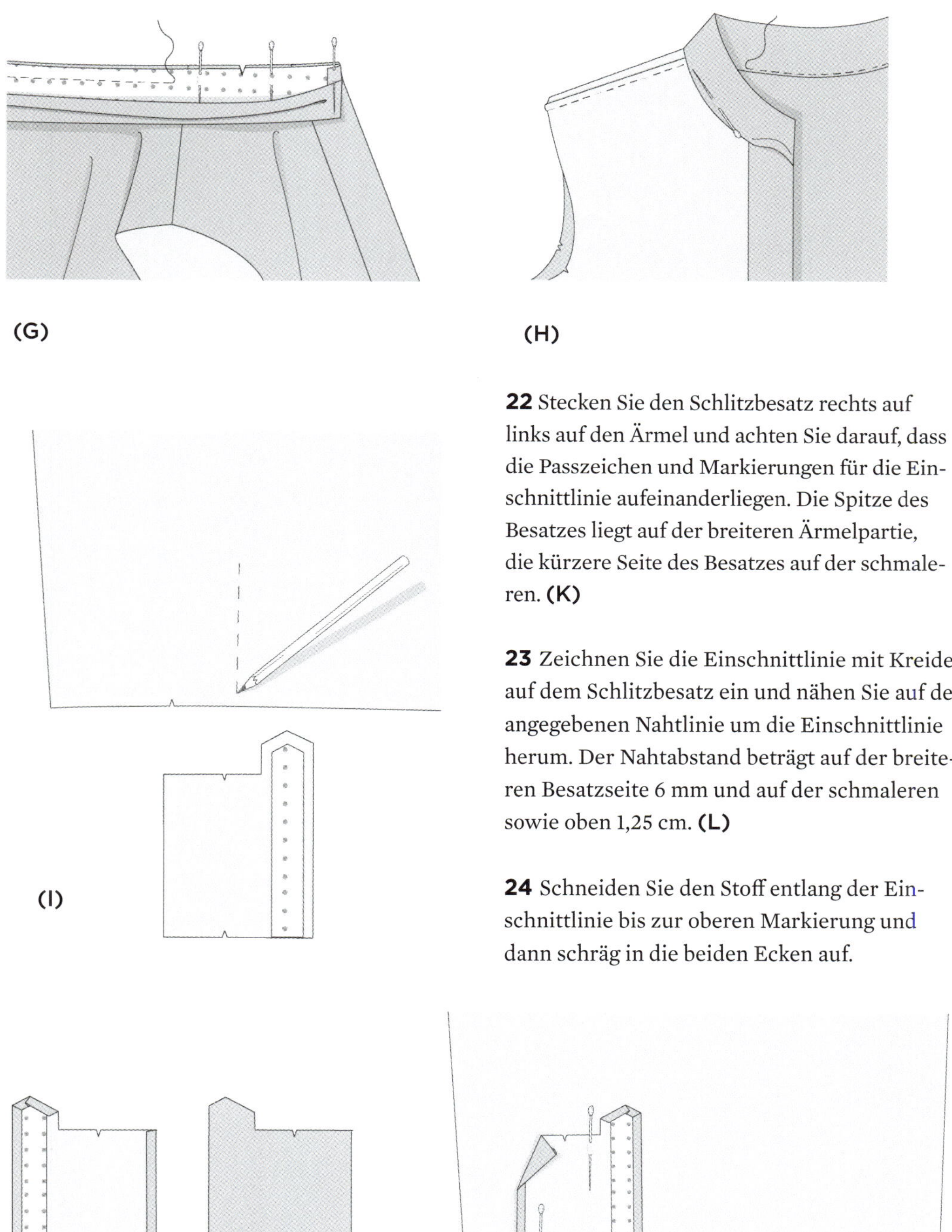

(G)

(H)

22 Stecken Sie den Schlitzbesatz rechts auf links auf den Ärmel und achten Sie darauf, dass die Passzeichen und Markierungen für die Einschnittlinie aufeinanderliegen. Die Spitze des Besatzes liegt auf der breiteren Ärmelpartie, die kürzere Seite des Besatzes auf der schmaleren. **(K)**

23 Zeichnen Sie die Einschnittlinie mit Kreide auf dem Schlitzbesatz ein und nähen Sie auf der angegebenen Nahtlinie um die Einschnittlinie herum. Der Nahtabstand beträgt auf der breiteren Besatzseite 6 mm und auf der schmaleren sowie oben 1,25 cm. **(L)**

24 Schneiden Sie den Stoff entlang der Einschnittlinie bis zur oberen Markierung und dann schräg in die beiden Ecken auf.

(I)

(J)

(K)

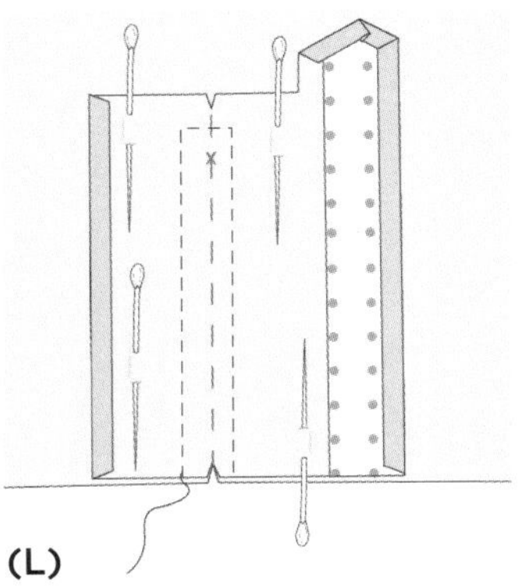

(L)

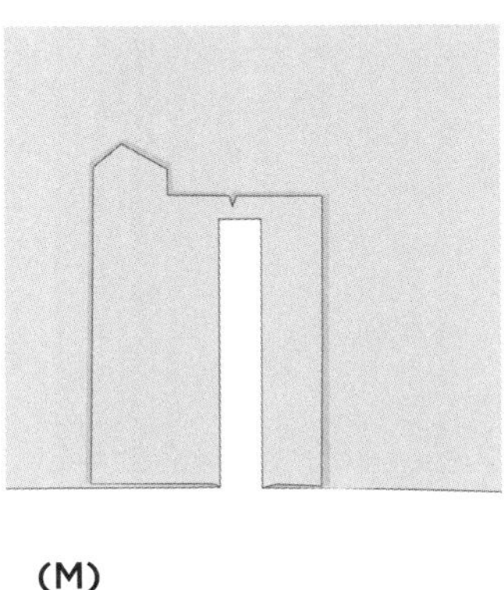

(M)

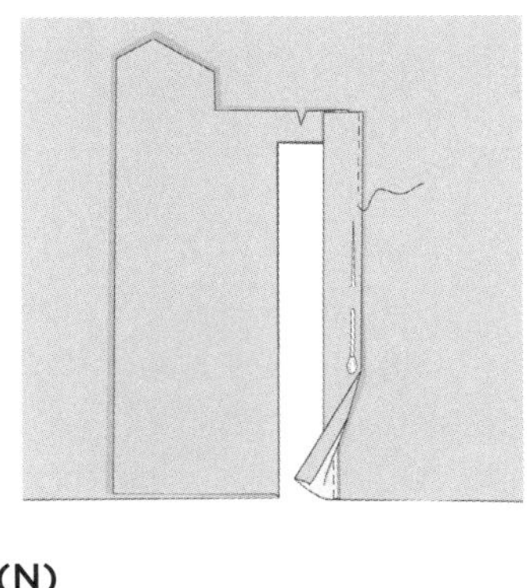

(N)

25 Wenden Sie den Ärmel auf rechts und ziehen Sie den Besatz nach außen durch. Bügeln Sie die Nähte flach. **(M)**

26 Falten Sie die Kante an der schmalen Seite des Besatzes nach innen um, sodass sie über der ursprünglichen Nahtlinie liegt. Steppen Sie sie knappkantig ab. (**N)**

27 Falten Sie die Kante an der breiten Seite des Besatzes um, sodass sie über der ursprünglichen Nahtlinie liegt.

28 Klappen Sie den Schlitzbesatz über den Schlitz, sodass die längere Kante über der kürzeren liegt. Stecken Sie den Besatz fest und achten Sie darauf, dass die Nahtzugaben an der Schlitzkante nach innen gefaltet bleiben. Etwa 2,5 cm unterhalb der Besatzspitze können Sie nun einen kleinen Wulst fühlen. Stecken Sie dort quer eine Stecknadel in den Stoff. **(O)**

29 Steppen Sie den Besatz fest. Nähen Sie um die Spitze herum und die Längskante entlang, auch im Bereich der waagrechten Nadel. Die offene Schlitzseite darf nicht festgenäht werden. Nähen Sie langsam und schieben Sie offene Stoffkanten bei Bedarf mit einer Stecknadel nach innen und bügeln Sie darüber. **(P)**

MANSCHETTEN ANNÄHEN

30 Legen Sie bei jedem Ärmel eine kleine Falte an der jeweiligen Markierung. Heften Sie sie fest und nähen Sie die Manschette an, wie in den Schritten 31 bis 34 beschrieben. **(Q)**

31 Achten Sie auf die Passzeichen und schließen Sie die Ärmelnaht mit einer einfachen oder französischen Naht.

32 Bügeln Sie die Bügeleinlage auf beide Manschetten. Falten Sie die Kante an der Markierung 1 cm nach innen um und bügeln Sie sie.

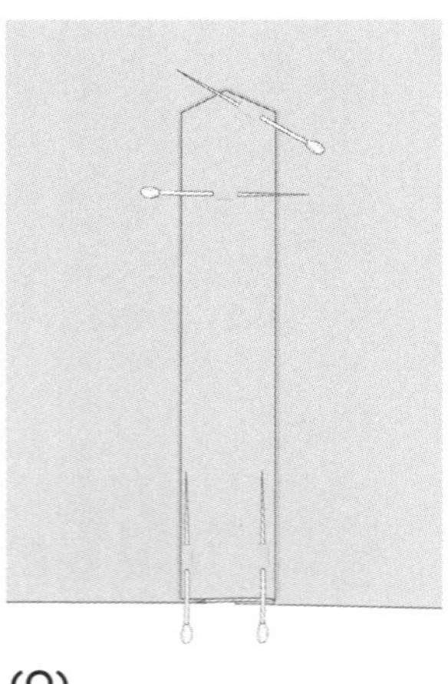

(O)

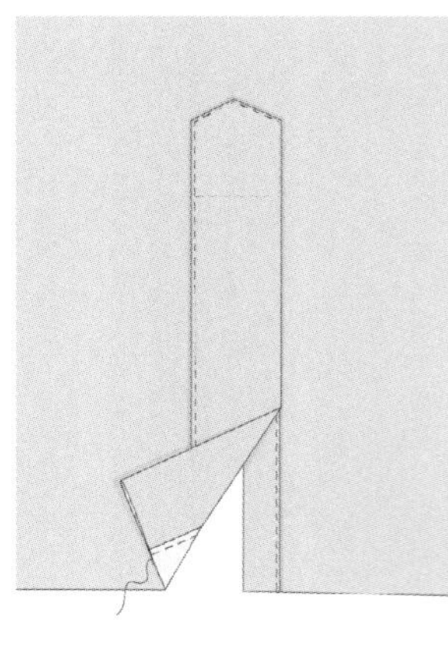

(P)

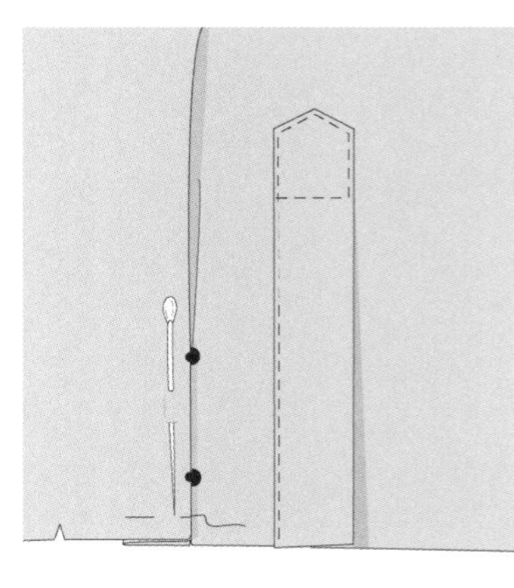

(Q)

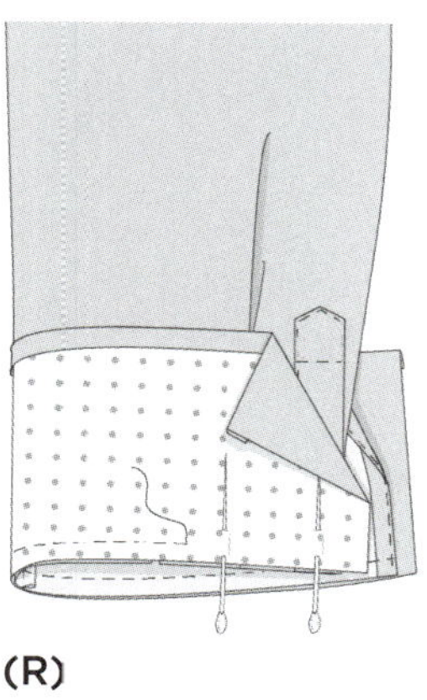

(R)

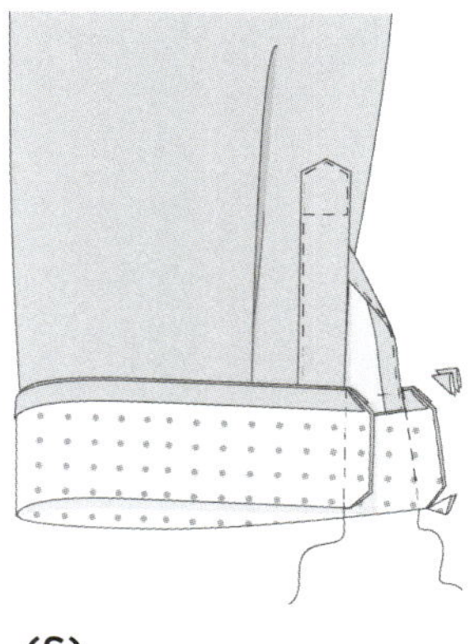

(S)

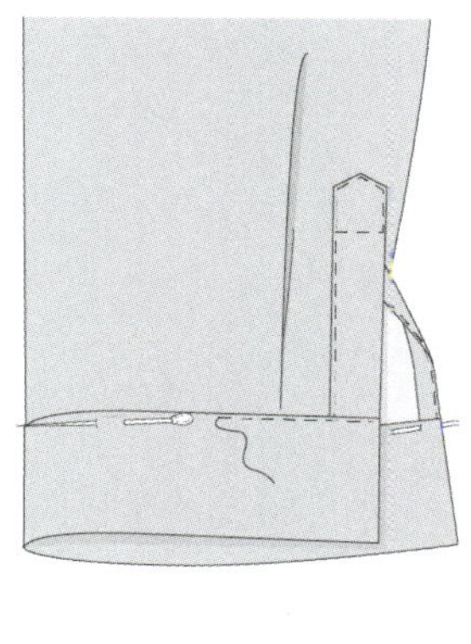

(T)

33 Stecken Sie die Manschette mit der anderen Kante rechts auf rechts auf den Ärmel. Richten Sie die Markierung an der Ärmelnaht aus und nähen Sie die Manschette fest. Die Manschette endet seitlich an den Schlitzkanten. Bügeln Sie die Naht. **(R)** Falten Sie dann die Manschette rechts auf rechts auf die halbe Breite zusammen und nähen Sie sie entlang der schmalen Kanten zu. Schneiden Sie die Nahtzugaben zurück. **(S)**

34 Wenden Sie die Manschette auf rechts, drücken Sie die Ecken vorsichtig heraus und bügeln Sie das gesamte Teil. Fixieren Sie die schmalen Kanten mit Stecknadeln und achten Sie darauf, dass die Manschette an beiden Enden gleich breit ist. Steppen Sie die offene Kante mit der Maschine oder mit unsichtbaren Saumstichen mit der Hand fest. Wenn Sie möchten, können Sie auch die anderen Kanten der Manschette absteppen. **(T)**

ÄRMEL EINSETZEN

35 Achten Sie darauf, dass Sie die Ärmel in den jeweils richtigen Armausschnitt einsetzen! Der Schlitz muss auf der Ärmelrückseite liegen. Setzen Sie dann die Ärmel ein, wie in den Schritten 36 bis 40 beschrieben.

36 Nähen Sie mit langen Maschinenstichen oder mit der Hand zwei parallele Nähte zwischen den Markierungen an der Armkugel. **(U)**

37 Legen Sie den Ärmel rechts auf rechts so an den Armausschnitt, dass die Ärmelnaht auf die Seitennaht trifft. Stecken Sie den Ärmel von der Nahtkreuzung aus rechts und links bis zu den Passzeichen fest. Stecken Sie die Armkugel so fest, dass das Passzeichen für die Mitte der Armkugel genau auf die Schulternaht trifft.

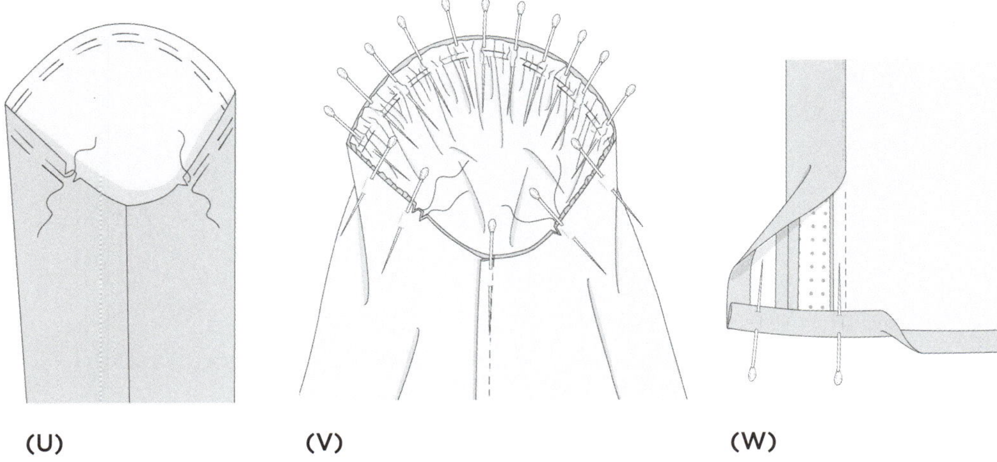

(U) (V) (W)

38 Ziehen Sie bei einem Ärmel vorsichtig an den Unterfäden und schieben Sie die Armkugel auf die benötigte Weite zusammen. Verteilen Sie die Fältchen möglichst gleichmäßig und verwenden Sie viele Stecknadeln. **(V, Seite 155)**

39 Heften Sie den Ärmel ein. Wenden Sie das Teil auf rechts und prüfen Sie, ob der Ärmel gut sitzt und nicht an unerwünschten Stellen Falten wirft. Wenn Sie zufrieden sind, nähen Sie den Ärmel fest.

40 Bügeln Sie die Nahtzugaben und die Armkugel. Versäubern Sie alle Stoffkanten.

BLUSE FERTIGSTELLEN

41 Klappen Sie die Knopfleisten an der Unterkante auf, um die Saumkante nähen zu können. Schlagen Sie die Kante erst 1,25 cm nach innen, bügeln Sie sie, schlagen Sie sie noch einmal 1,25 cm nach innen, bügeln Sie sie wieder und stecken Sie sie fest. **(W, Seite 155)**

42 Klappen Sie die Knopfleisten wieder zurück. Achten Sie darauf, dass die Ecken und Unterkanten gleichmäßig sind und dass die Leisten gleichmäßig übereinanderliegen. Stecken Sie die Saumkante fest.

43 Steppen Sie die Saumkante ab. Falls Sie eine Doppelnaht möchten, müssen Sie mit einer Zwillingsnadel nähen.

44 Steppen Sie von der rechten Seite aus die Knopfleiste ab und fixieren Sie so den Besatz.

45 Entscheiden Sie, ob die Knopflöcher waagrecht oder senkrecht verlaufen sollen. Wir verwenden bei diesem Modell sechs Knöpfe mit einem Durchmesser von 1,25 cm. Markieren Sie die Knopfpositionen mit Stecknadeln auf der rechten Knopfleiste (rechts, wenn Sie die Bluse tragen). Markieren Sie die Knopfposition auch auf den beiden Manschetten. Achten Sie darauf, dass alle Knöpfe mittig sitzen.

46 Messen Sie den Knopfdurchmesser nach und stellen Sie bei Ihrer Nähmaschine die Knopflochfunktion ein. Nähen Sie die Knopflöcher gemäß Gebrauchsanweisung des Maschinenherstellers. Damit der Knopf gut verschließt, muss das Knopfloch etwas kleiner sein als der Knopfdurchmesser.

47 Schneiden Sie die Knopflöcher mit einem Nahttrenner auf. Stecken Sie das Ende des Knopflochs mit einer Stecknadel, damit Sie die Riegelnaht nicht aus Versehen durchtrennen.

48 Nähen Sie die Knöpfe an den passenden Stellen fest und verwenden Sie dazu farblich passendes Garn (siehe Seite 56).

Variante

FREIZEITBLUSE

Diese Bluse ist weiter geschnitten und wirkt legerer als das Grundmodell. Die halblangen Glockenärmel sind am Saum mit einem Gummiband gerafft.

Zuschneideplan

So legen Sie die Schnittvorlage auf den Stoff.

Stoffbreite 115 cm

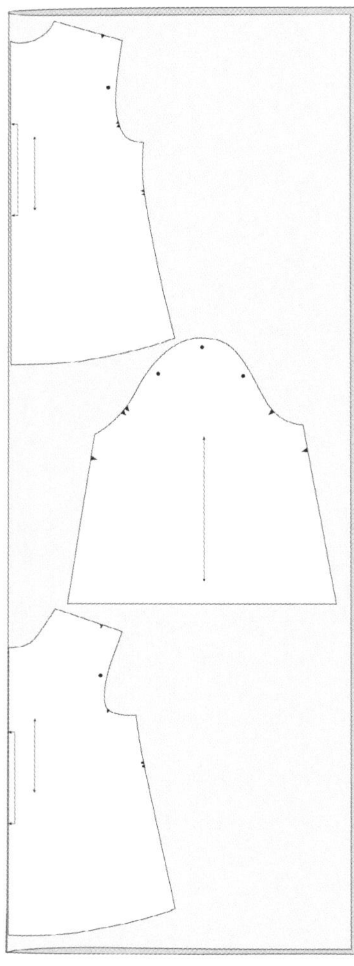

Stoffbreite 140 cm

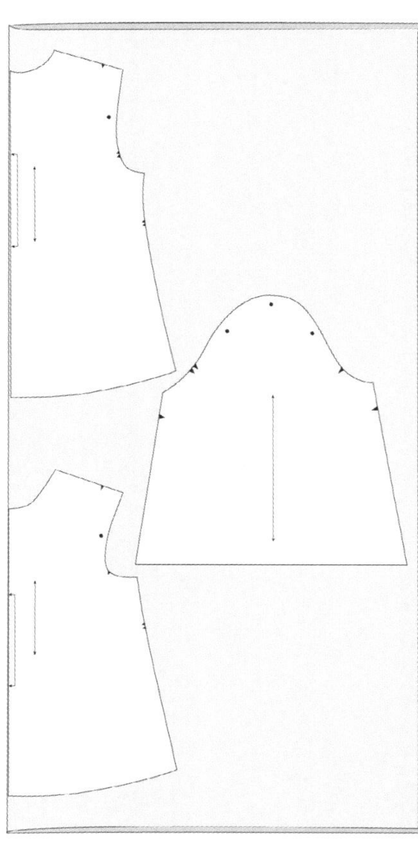

SIE BRAUCHEN

Die Schnittvorlagen des Grundmodells ohne die Knopfleisten, den Kragen, die Knöpfe und die Bügeleinlage. Zusätzlich brauchen Sie ein 127,5 cm langes Schrägband sowie ein 60 cm langes und 6 mm breites Gummiband.

TIPP FÜR DIE PASSFORM

Wir empfehlen ein Testmodell anzufertigen, bevor Sie die Bluse zuschneiden (siehe Seite 18).

STOFFMENGE

Der Stoff für den Besatz ist bereits berücksichtigt.

GRÖSSE	115 cm Breite	140 cm Breite
1	160 cm	140 cm
2	160 cm	140 cm
3	160 cm	140 cm
4	160 cm	140 cm
5	160 cm	140 cm
6	160 cm	140 cm

GRUNDSCHNITT ANPASSEN

1 Pausen Sie alle benötigten Schnittvorlagen auf einen neuen, größeren Bogen Papier ab.

2 Zeichnen Sie bei beiden Teilen einen tieferen Ausschnitt ein. Bei unserem Modell ist der Ausschnitt an der vorderen Mitte 5 cm tiefer und an der Schulter 2,5 cm breiter. An der hinteren Mitte ist der Ausschnitt 2,5 cm tiefer und an der Schulter ebenfalls 2,5 cm breiter. Achten Sie darauf, dass die Teile an den Schultern gleich breit sind. Schneiden Sie das Papier bis zu den neuen Linien mehrmals ein, klappen Sie die Kante um und stecken Sie sie fest. Jetzt können Sie die neue Form besser erkennen und nach Bedarf anpassen.

3 Markieren Sie die Tiefe der Schlitzöffnung an der vorderen Mitte. Bei uns ist der Schlitz 10 cm tief.

4 Verlängern Sie die Bluse vorn und hinten um jeweils 4 cm.

5 Damit der Schnitt weiter wird, zeichnen Sie im Abstand von 10 cm zur vorderen Mitte eine parallele senkrechte Linie ein, die von der Saumkante bis etwa 2,5 unterhalb des Brustpunkts verläuft. Schneiden Sie die Vorlage entlang dieser Hilfslinie auf und öffnen Sie sie an der Saumkante um 5 cm. Die Falten, die dabei im Papier entstehen, fixieren Sie mit etwas Klebeband. Verfahren Sie mit dem Rückenteil entsprechend. **(A)**

6 Pausen sie nun den Ärmel vom Grundmodell auf einen neuen, größeren Bogen Papier ab.

7 Zeichnen Sie die neue Ärmellänge ein und berücksichtigen Sie dabei 1,5 cm für den Tunnelzug. Wir haben den Ärmel an der Änderungslinie um 4 cm verlängert.

8 Verbreitern Sie den Ärmel am Saum beidseitig um 7,5 cm, um die Glockenform zu erhalten. Zeichnen Sie von beiden neuen Endpunkten aus eine Linie bis zum oberen Ende der Ärmelnaht. **(B)**

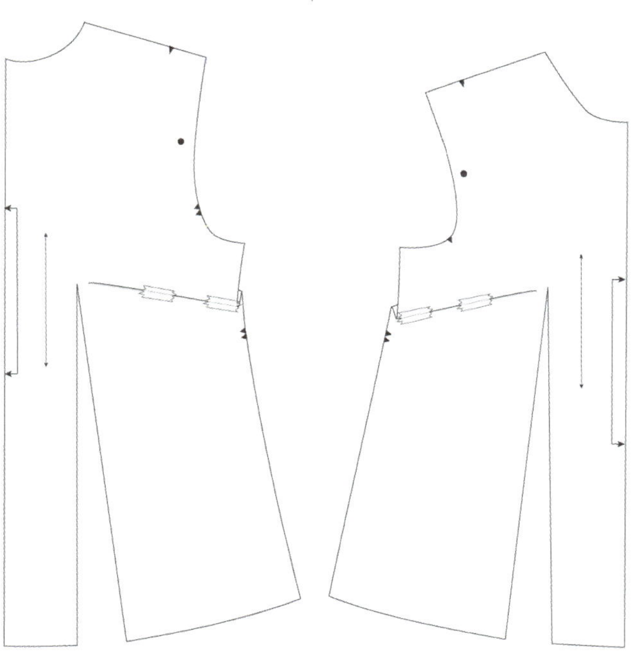

(A)

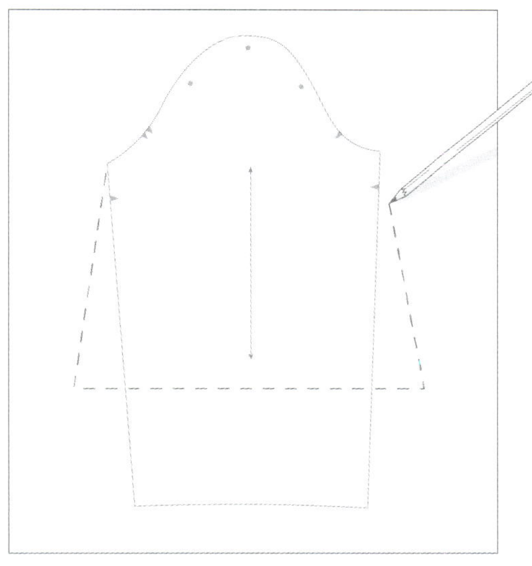

(B)

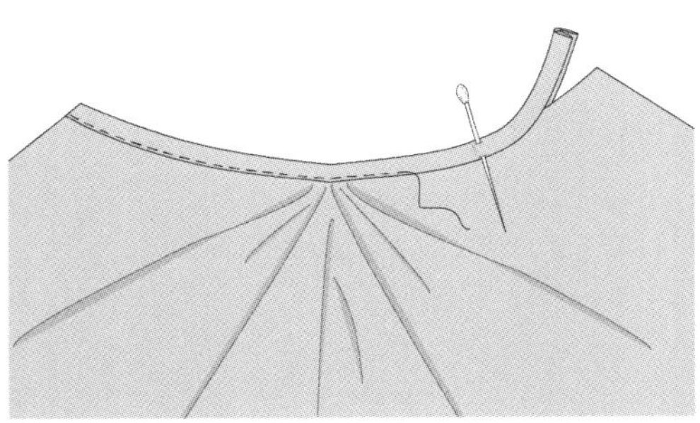

(C)

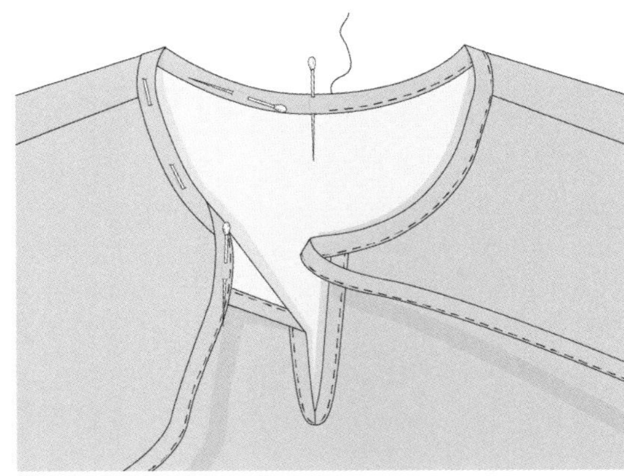

(D)

9 Pausen Sie alle Vorlagen auf einen neuen Bogen Papier ab und gleichen Sie die Nahtlinien nach Bedarf an. Übertragen Sie auch alle relevanten Markierungen.

10 Legen Sie die Vorlagen auf den Stoff, achten Sie auf die jeweiligen Bruchkanten, übertragen Sie alle Markierungen und schneiden Sie die Teile dann aus.

EINZELTEILE ZUSAMMENNÄHEN

11 Achten Sie auf die Markierungen und nähen Sie die Teile an den Schulter- und Seitennähten zusammen.

AUSSCHNITT UND SCHLITZ EINFASSEN

12 Stellen Sie ein ausreichend langes Schrägband her, mit dem Sie den gesamten Ausschnitt einfassen können (mehr zum Schrägband siehe Seite 43). Wir haben ein 4 cm breites Schrägband verwendet, das eine fertige Breite von 1 cm ergibt.

13 Schneiden Sie das Vorderteil an der Einschnittlinie auf.

14 Für den Schlitz, einschließlich der Nahtzugaben, brauchen Sie etwa 25 cm Schrägband. Ziehen Sie den Stoff am Schlitz auseinander und stecken Sie das Schrägband über der Stoffkante fest. **(C)**

15 Steppen Sie alle Lagen fest. Achten Sie beim tiefsten Punkt des Schlitzes darauf, dass er nicht aus dem Schrägband herausrutscht. Nähen Sie langsam und sorgfältig, um zu verhindern, dass der Stoff unerwünschte Falten wirft.

16 Schneiden Sie die Enden des Schrägbands ab. Lassen Sie die Schlitzkante entweder so wie sie ist, oder nähen Sie es von der linken Seite aus mit einer kleinen Naht in V-Form.

17 Stellen Sie ausreichend Schrägband für den Halsausschnitt her. Bei uns ist das Ausschnittband 67,5 cm lang und steht seitlich jeweils 30 cm über, damit man es binden kann. Insgesamt ist das Schrägband also 127,5 cm lang. Nähen sie es so an, wie oben beschrieben, und achten Sie darauf, dass die Bandmitte genau auf der rückwärtigen Mitte der Bluse liegt. **(D)** Sie können das Schrägband auch rechts auf rechts auf den Halsausschnitt stecken, festnähen und die Nahtzugaben dann in das Schrägband bügeln.

18 Falten Sie das Schrägband über die Nahtzugabe nach innen und steppen Sie es fest oder nähen Sie es mit unsichtbaren Saumstichen mit der Hand an.

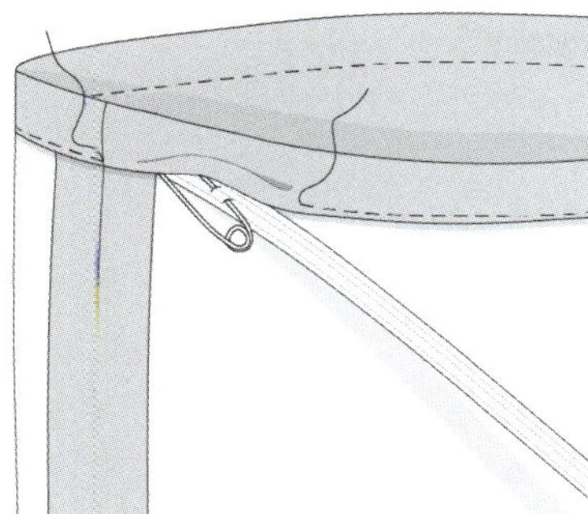

(E)

19 Nähen Sie das Schrägband zunächst am Ausschnitt fest und schließen Sie dann erst die offene Naht an den überstehenden Enden. Falten Sie kurz vor dem Nahtende die Nahtzugaben an der Schmalseite nach innen.

20 Schließen Sie die Naht bis zum Ende, lassen Sie sie sauber auslaufen und bügeln Sie sie.

21 Verknoten Sie die Enden des Schrägstreifens oder nähen Sie Zierelemente an.

ÄRMEL EINSETZEN

22 Stecken Sie die Ärmelnähte rechts auf rechts zusammen. Schließen Sie sie mit einer einfachen oder einer französischen Naht und bügeln Sie sie.

23 Der Tunnelzug ist etwas breiter als das Gummiband. Unser Gummiband ist 5 mm breit: Für den Tunnel falten Sie die Saumkante erst 5 mm nach innen, dann 1 cm und bügeln sie.

24 Steppen Sie den Tunnel entlang der oberen Kante und lassen Sie an der Seitennaht eine Öffnung zum Einziehen des Gummibands.

25 Legen Sie das Gummiband um den Arm und halten sie es in der gewünschten Länge zusammen. Markieren Sie ihre Länge auf dem Band und geben Sie 5 mm als Nahtzugabe hinzu. Schneiden Sie zwei Gummibänder ab.

26 Ziehen Sie bei beiden Ärmeln ein Gummiband ein. Stecken Sie dazu eine Sicherheitsnadel in ein Ende des Bandes und schieben Sie es durch den Tunnel, bis beide Enden des Gummibands an der Öffnung herausschauen. **(E)**

27 Achten Sie darauf, dass sich das Gummiband nicht verdreht hat, lassen Sie die Enden überlappen und nähen Sie sie zusammen.

28 Ziehen Sie das Bündchen etwas auseinander, dann verschwindet das Gummiband vollständig im Tunnel. Schließen Sie die Öffnung.

29 Folgen Sie den Schritten 36 bis 40 beim Grundmodell zum Einsetzen der Ärmel.

BLUSE FERTIG NÄHEN

30 Für die Saumkante falten Sie die Unterkante erst 1 cm nach innen, dann weitere 1,5 cm. Bügeln und stecken Sie sie fest, dann nähen und bügeln Sie sie noch einmal.

Eigene Schnittabwandlung

ANDERE ÄRMELFORMEN

Hier sind noch einige Ärmelvarianten für die Bluse, die die auf den Seiten 120 und 121 vorgestellten Ärmel ergänzen. Die kurzen Ärmel mit doppeltem Saum lassen die Bluse eher zurückhaltend wirken, was besonders zu Sommermodellen sehr gut passt. Mit den Puffärmeln wirkt sie frecher und voluminöser. Sie sind besonders leicht einzusetzen, weil an der Armkugel ja absichtlich Falten entstehen sollen.

KURZER ÄRMEL MIT DOPPELTEM SAUM

1 Pausen Sie die Vorlage für das Grundmodell auf einen neuen Bogen Papier ab.

2 Zeichnen Sie die neue Ärmellänge parallel zur ursprünglichen Länge ein. Ein kurzer Ärmel reicht meist bis zur Mitte des Oberarms, doch entscheiden Sie selbst.

3 Wenn der Ärmel an der Saumkante enger oder weiter sein soll, passen Sie die Weite an, wie bei der Variante (siehe Seite 159) beschrieben.

4 Übertragen Sie alle relevanten Markierungen und Passzeichen und fügen Sie 2,5 cm für die breitere Saumkante hinzu.

5 Übertragen Sie alle Markierungen und Passzeichen auf den Stoff und schneiden Sie die Ärmel aus. Schließen Sie die Ärmelnaht, versäubern Sie die Saumzugaben und bügeln Sie die Naht. Schlagen Sie die Saumkanten ein und bügeln Sie sie. Setzen Sie die Ärmel dann in die Bluse ein, wie beim Grundmodell beschrieben.

KURZER PUFFÄRMEL

1 Pausen Sie die Vorlage für das Grundmodell auf einen neuen Bogen Papier ab.

2 Zeichnen Sie die neue Ärmellänge und die entsprechende Saumzugabe ein. Wir haben uns für einen kurzen Puffärmel entschieden, Sie können auch eine längere Form wählen.

3 Für den Puffärmel müssen Sie an der Armkugel Weite zugeben. Zeichnen Sie dafür drei Hilfslinien ein, eine an der Ärmelmitte und zwei im selben Abstand rechts und links davon.

4 Schneiden Sie entlang den Hilfslinien von der Armkugel bis knapp vor die Saumkante auf. **(A)**

5 Legen Sie die Vorlage auf einen neuen Bogen Papier. Öffnen Sie die drei Teile oben gleichmäßig. Zeichnen Sie die neue, höhere Armkugel als gestrichelte Linie ein. **(B)**

6 Zeichnen Sie die gesamte Konturlinie ein.

7 Legen Sie die neue Vorlage auf den Stoff, übertragen Sie alle Markierungen und Passzeichen und schneiden Sie die Ärmel aus.

8 Schließen Sie die Ärmelnaht, versäubern Sie die Saumzugaben und bügeln Sie die Naht. Schlagen Sie die Saumkanten ein, nähen und bügeln Sie sie.

9 Setzen Sie die Ärmel dann in die Bluse ein, wie beim Grundmodell beschrieben. Achten Sie beim Einhalten der Weite darauf, dass sich die Armkugel nur zwischen den beiden Markierungen in Falten legt. Heften Sie den Ärmel ein und prüfen Sie die Faltenverteilung. Passen Sie die Falten falls nötig an, bevor Sie den Ärmel festnähen.

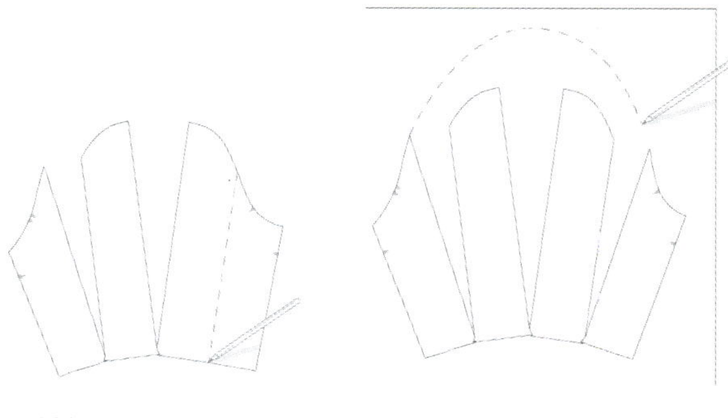

(A) **(B)**

Eigene Schnittabwandlung

BLUSE MIT SCHLEIFENKRAGEN

Ein Kragen beeinflusst die Wirkung der Bluse enorm. Wir haben auf Seite 118 schon einen Bubikragen, einen Chelseakragen und einen flachen, spitzen Kragen vorgestellt. Für dieses Modell haben wir uns für eine feminine Schleife entschieden, die besonders bei leichten, weichen Stoffen gut aussieht. Den typischen Büro-Look der 1980er-Jahre vermeiden Sie, indem Sie die Bluse zur Jeans oder einer Hose mit weiter Beinform tragen und nicht zum engen Rock.

1 Entscheiden Sie, wo die Schleife sitzen soll. Sie passt sehr schön an einen kleinen runden Ausschnitt oder an einen tiefen V-Ausschnitt. Passen Sie die Schnittvorlage für das Vorderteil entsprechend an.

2 Um festzustellen, wie lang die Schleife insgesamt sein muss, messen Sie die Ausschnittlänge und geben 60 cm dazu.

3 Legen Sie fest, wie breit die Schleife sein soll. Verdoppeln Sie dieses Maß dann und fügen Sie 1,5 cm Nahtzugabe hinzu.

4 Schneiden Sie anhand der Maße aus Schritt 2 und 3 einen Stoffstreifen zu.

5 Falten Sie den Streifen quer, sodass die schmalen Enden aufeinanderliegen und markieren Sie die Mitte.

6 Stecken Sie den Streifen provisorisch am Halsausschnitt fest und bringen Sie Passzeichen der Schulternähte und der vorderen Mitte an.

7 Nehmen Sie den Streifen wieder ab und falten Sie ihn rechts auf rechts, sodass die Längskanten aufeinanderliegen.

8 Nähen Sie mit einer Nahtzugabe von 1,5 cm den Kanten entlang. Beginnen Sie an der Markierung für die vordere Mitte und nähen Sie bis zum Streifenende, anschließend quer über die schmale Kante. Nähen Sie die zweite Seite entsprechend. Lassen Sie den mittleren Bereich, der am Halsausschnitt festgenäht wird, offen. Schneiden Sie die Nahtzugaben gestuft zurück (siehe Seite 60).

9 Wenden Sie den Streifen auf rechts und drücken Sie die Ecken sorgfältig heraus. Falten Sie die Nahtzugaben entlang der Öffnung nach innen um und bügeln Sie die gesamte Schleife aus.

10 Falten Sie die Nahtzugaben wieder auf und stecken Sie die Schleife rechts auf rechts auf den Halsausschnitt. Achten Sie auf die Passzeichen und nähen Sie die Schleife fest. Kürzen Sie die Nahtzugaben und schneiden Sie sie ein, damit sich der Ausschnitt schön rundet und bügeln sie die Naht aus.

11 Klappen Sie die Schleife nach innen und nähen Sie die offene Kante mit Saumstichen von Hand fest oder steppen Sie sie mit der Nähmaschine ab. Zuletzt bügeln sie alles aus.

SCHNELLER ANNÄHEN?

Mutige können die Schleife auch mit nur einer Naht befestigen. Wenn die Schleifenenden zusammengenäht sind, bügeln Sie die Nahtzugaben der offenen Partie nach innen um. Stecken Sie dann die Schleife fest, indem Sie die Halsausschnittkante zwischenfassen. Steppen Sie sie fest und achten Sie darauf, dass Sie alle Lagen erfassen.

KOMBINATIONEN

Look 5

OBERTEIL GRUND-MODELL

+

AUS-GESTELLTER MINIROCK

Look 6

+

AUS-GESTELLTER MINIROCK

Look 7

BLUSE GRUND-MODELL

+

AUS-GESTELLTER MINIROCK

Look 8

TRÄGER-SHIRT

+

FREIZEIT-BLUSE

+

AUS-GESTELLTER MINIROCK

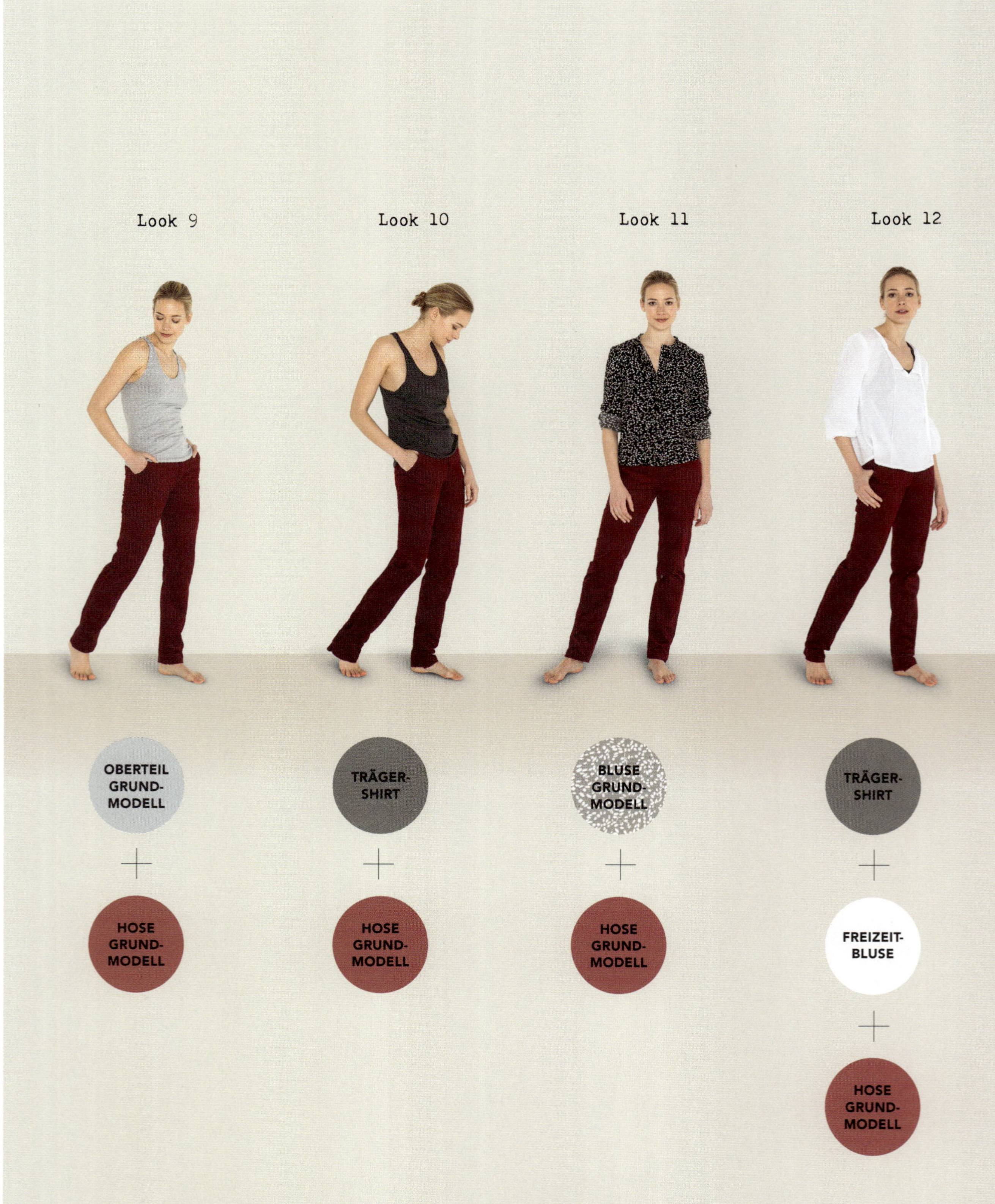
Look 9
Look 10
Look 11
Look 12
OBERTEIL GRUND-MODELL
+
HOSE GRUND-MODELL
TRÄGER-SHIRT
+
HOSE GRUND-MODELL
BLUSE GRUND-MODELL
+
HOSE GRUND-MODELL
TRÄGER-SHIRT
+
FREIZEIT-BLUSE
+
HOSE GRUND-MODELL

Look 13

OBERTEIL GRUND-MODELL

+

WEITE HOSE MIT HOHEM BUND

Look 14

TRÄGER-SHIRT

+

WEITE HOSE MIT HOHEM BUND

Look 15

TRÄGER-SHIRT

+

FREIZEIT-BLUSE

+

WEITE HOSE MIT HOHEM BUND

Look 16
Look 17
KLEID
GRUND-
MODELL
KLEID
GRUND-
MODELL
+
HOSE
GRUND-
MODELL

Look 18

ZELTKLEID

Look 19

ZELTKLEID

+

BLUSE GRUND-MODELL

Look 20

ZELTKLEID

+

BLUSE GRUND-MODELL

GLOSSAR

Abnäher: Falten, die bei einem Kleidungsstück gelegt werden, damit der Stoff den Körperkonturen folgt. Man findet sie meist im Brustbereich und an der Taille.

Abpausen: Übertragen der Konturlinien einer Schnittvorlage auf einen neuen Bogen Papier, damit der Grundschnitt intakt bleibt und öfter verwendet werden kann.

Anpassung am Oberteil: Hinzufügen bzw. Wegnehmen von Weite im Brustbereich eines Kleidungsstücks ohne Veränderung der Passform in der Taille und an den Schultern.

Ausbügeln: Im Gegensatz zum Bügeln, bei dem das Bügeleisen wiederholt über den Stoff bzw. das Kleidungsstück hin und her bewegt wird, verwendet man das Bügeleisen beim Ausbügeln sehr vorsichtig und nur punktuell, um bestimmte Bereiche zu glätten, z. B. Nähte, Säume und Abnäher, und dadurch dem Kleidungsstück ein professionelles Aussehen zu geben.

Besatz: Im Inneren eines Kleidungsstücks liegendes Teil aus Oberstoff, das Kanten versäubert, die nicht gesäumt werden sollen oder können, z. B. am Hals- oder Armausschnitt (bei ärmellosen Modellen), an der Taille anstatt eines Bundes, oder an der Saumkante.

Bewegungszugabe: Differenz zwischen den Körpermaßen und den Maßen des fertigen Kleidungsstücks.

Blindsaum: Eine umgeschlagene Saumkante wird so festgenäht, dass die Stiche von der rechten Stoffseite aus unsichtbar sind.

Brustpunkt: Punkt in der Schnittvorlage, der genau der Brustspitze entsprechen sollte.

Bügeleinlage: Sie wird auf die linke Seite des Oberstoffs gebügelt, um ihn zu verstärken. Der Stoff wird damit stabiler und formbeständiger. Bügeleinlagen werden meist beim Bund, an Knopfleisten, beim Kragen und bei Manschetten verwendet.

Einreihen: Gleichmäßiges Reduzieren der Mehrweite im Stoff mithilfe von zwei parallelen Nahtreihen mit langen Stichen.

Einsetz- und Passzeichen: Markierungen am Rand von Schnittvorlagen, die vorgeben, an welchen Stellen die Stoffteile genau aufeinandertreffen müssen.

Fadenlauf: Parallel zu den Webkanten verlaufende Längsrichtung eines Stoffes. Das fertige Kleidungsstück fällt nur dann richtig, wenn beim Ausschneiden der einzelnen Teile der jeweils vorgegebene Fadenlauf genau beachtet wird.

Geradstich: Standardstich bei allen Nähmaschinen, der für Schließ- und Steppnähte verwendet wird.

Gradieren: Anpassen einer Schnittvorlage an die eigenen Körpermaße.

Heften: Provisorisches Verbinden der Stoffteile mit langen Stichen, um die Passform des Kleidungsstücks prüfen zu können oder um zu verhindern, dass die Stofflagen beim Zusammennähen verrutschen.

Hexenstich: Auf rechts fast unsichtbarer Stich, der sich ideal zum Säumen von Hand eignet.

Hintere Mitte: Senkrechte Mitte des Rückenteils eines Kleidungsstücks und seiner Schnittvorlage.

Kopierpapier: Wird oft beim Übertragen von Schnittkonturen zum Markieren von Abnähern und Falten verwendet.

Leiterstich: Stich, mit dem zwei Stoffkanten verbunden werden, z. B. wenn bei einem gefütterten Kleidungsstück die Wendeöffnung im Futter geschlossen werden muss.

Linke Seite: Stoffseite, die beim ferigen Kleidungsstück innen liegt.

Nähen im Nahtschatten: Naht, die auf rechts genau auf einer schon vorhandenen Naht genäht wird.

Naht: Stichreihe, die Stoffteile miteinander verbindet.

Nahtlinie: Verlauf der Naht auf dem Stoff.

Nahttrenner: Ein kleines Werkzeug mit Spitze und Schneidkante, mit dem sich Nähte leicht und schnell auftrennen lassen.

Nahtzugabe: Abstand zwischen der Schnittkante und der Nahtlinie eines Stoffteils. In diesem Buch 1,5 cm, sofern nicht anders angegeben.

Overlockmaschine: Besondere Maschine, die in einem Durchgang Nähte schließt, Nahtzugaben abschneidet und Kanten versäubert.

Rechte Seite: Stoffseite, die beim fertigen Kleidungsstück außen liegt.

Rückstich: Robuster Stich, der beim Nähen, Ausbessern und Säumen eingesetzt wird.

Säumen: Umschlagen und Fixieren der Saumkante eines Kleidungsstücks.

Saumstich: Unsichtbarer Stich, der bei Nähten und Säumen eingesetzt wird.

Schneiderkreide: Kreide für Markierungen auf Stoff.

Schnittkante: Stoffkante, die versäubert werden sollte, damit sie nicht ausfranst.

Schnittlinien: Konturlinien einer Schnittvorlage, an denen entlang das Papier und auch der Stoff ausgeschnitten wird.

Schrägband: In schmalen, schrägen Streifen zugeschnittener Stoff, der zum Versäubern von Stoffkanten verwendet wird. Sie können Schrägband selbst herstellen oder es fertig kaufen.

Sitzhöhe: Abstand zwischen Hüfte und Taille. Setzen Sie sich auf einen Tisch und schlagen Sie ein Bein über das andere. Messen Sie auf der Seite, auf der das obere Bein liegt, den Abstand von der Taille bis zur Tischplatte.

Stoffbruch: Faltkante des Stoffes, an die die entsprechend bezeichnete Kante der Schnittvorlage gelegt wird.

Taillenbund: Stoffstreifen, der bei Hosen und Röcken als Taillenabschluss dient.

Testmodell: Ein Probemodell, das genäht wird, um die Passform eines Kleidungsstücks zu testen und eventuell nötige Änderungen in die Schnittvorlagen einarbeiten zu können.

Untersteppen: Fixieren eines Besatzes auf der Nahtzugabe durch eine zweite Naht knapp neben der ursprünglichen Nahtlinie.

Vordere Mitte: Senkrechte Mitte des Vorderteils eines Kleidungsstücks und seiner Schnittvorlage.

Webkanten: Die nicht ausfransenden Kanten eines Stoffes, die parallel zum Längsfadenlauf liegen.

Zuschneideplan: Zeichnung, die vorgibt, wie die einzelnen Schnittvorlagen am sinnvollsten auf den Stoff gelegt werden.

BEZUGSQUELLEN

STOFFE DEUTSCHLAND

artsinfabrics
Fürstenstraße 6
80333 München
artsinfabrics.com
Edle Stoffe, Seide, Kaschmir, Brokat, Baumwollstoffe, italienische Designerstoffe, Stoffe in Überbreite, Bordüren

fabfab GmbH
Osterbrooksweg 35–45
22869 Schenefeld
stoffe.de
Online-Stoffvertrieb, Stoffe, Schnittmuster, Nähzubehör, Wolle

Frau Tulpe Stoffe
Veteranenstr. 19
10119 Berlin/Mitte
frautulpe.de
Stoffe, Patchwork, Borten und Bänder, Nähzubehör, Schnitte

Stoff & Co
Augustenstraße 76
80333 München
und
Humboldtstraße 22,
81543 München
stoff-and-co.de
Stoffe, Kinderstoffe, Liberty-Stoffe, Meterware, Bänder, Schnitte, Nähkurse

Stoffe Brünink & Hemmers GmbH
Thüringer Str. 1
48529 Nordhorn
stoffe-hemmers.de
Stoffe, Retrostoffe, Kurzwaren, Schnittmuster, Inspirationen

Volksfaden
Crellestr. 17
10827 Berlin
volksfaden.de
Handarbeitsstoffe, Patchworkstoffe. Bänder, Knöpfe, Zeitschriften, DVD

ÖSTERREICH

Komolka
Filiale Mariahilf, Zentrale
Mariahilfer Str. 58
1070 Wien
komolka.at
Große Stoffauswahl, neueste Trendstoffe, Liberty-, Basic-, Cocktail-, Trachten-, Kinderstoffe, Schnittabteilung

Wenatex Haus der Stoffe
Münchner Bundesstraße 140
A-5020 Salzburg
www.hausderstoffe.at
Große Auswahl an Bekleidungs- und Deko-Stoffen, klassisch und neueste Trends, Handarbeits- und Nähzubehör

SCHWEIZ

Cotton & Color
Inzlingerstrasse 279
Postfach 287,
4125 Riehen 1
cotton-color.com
Stoffe, Näh- und Quiltzubehör, Schnittmuster, Bücher, Kurse

Stofflastig.ch by Silvia Lottenbach
Sinserstrasse 12
6330 Cham CH
stofflastig.ch
Stoffe, Schnittmuster, Nähmaschinen, Plotterfolien, Kurse, Workshops

Stoffzentrale AG
General-Guisan-Strasse 1
CH-5000 Aarau
stoffzentrale.ch
Stoffe, neueste Trends, Nähzubehör, Schnittmuster

UK

Fabrics Galore
52-54 Lavender Hill,
London SW11 5RH
fabricsgalore.co.uk
Tolle Auswahl an Stoffen mit den besten Baumwollprints

Liberty London
Regent St, Carnaby,
London W1B 5AH
libertylondon.co.uk
Edle Seiden- und Baumwollprints

Kleins
5 Noel Street,
LondonW1F 8GB
kleins.uk
Wunderschöne Knöpfe, Schließen und Kurzwaren

KURZWAREN UND ZUBEHÖR

Ludwig Beck Kurzwaren & Wolle
Burgstraße 7
80327 München
kaufhaus.ludwigbeck.com
Knöpfe, Kordeln, Kurzwaren, Posamenten, Spitzen, Verschlüsse, Wolle

KnoepfeVersand.de
Valesistr. 56
82285 Hattenhofen
knoepfeversand.de
Knöpfe, Schließen, Accessoires, Alpenchic

Der rote Faden e.K.
Karin Schell
Groß- und Einzelhandel für Schneidereibedarf
Johanniterstr. 2–4
52064 Aachen
der-rote-faden.de
Stoffe, Miederwaren, Kurzwaren, Schneidereibedarf

Snaply® Nähkram
Freisinger Str. 22
84072 Au in der Hallertau
snaply.de
Verschlüsse, Bänder, Stoffe, veganes Leder, Garne, Kurzwaren, DIY

TOKO-Kurzwaren
Kurfürsten-Anlage 3
69115 Heidelberg
toko-kurzwaren.de
Kurzwaren, Schneiderzubehör, Stoffe

NÄHMASCHINEN

nähPark Diermeier
Rodinger Straße 15
93413 Cham
naehpark.com
Nähmaschinen, Stickmaschinen, Schneidereizubehör, Sticken, Quilten, Garnshop

Nähwelt Flach GmbH
Lorbeerweg 2
63741 Aschaffenburg
naehwelt-flach.de
Nähmaschinen, Overlock, Stickmaschinen, Sticksoftware, Bügelsysteme, Nähmöbel, Schneideplotter, Zubehör

DANK

Unser Buch wäre ohne die Mitarbeit dieser sehr talentierten Menschen nicht möglich gewesen. Ein Dank an:

– Tara O'Sullivan für ihre unendliche Geduld, ihr freundliches Wesen und ihre wertvolle redaktionelle Mitarbeit.
– Kyle Cathie und Judith Hannam dafür, dass sie die Idee zu diesem Buch hatten und uns die Freiheit zugestanden haben, es nach unseren Wünschen zu gestalten.
– Paula Blanche und Robin Blair, deren Illustrationen die Anleitungen in diesem Buch zum Leben erweckt haben.
– Amanda Thomas für ihre wunderbaren Fotos und Beata Stencel für ihre Arbeit als Fotoassistentin.
– Scott Purnell für seine kreativen Designideen und Amelia Pruen für Make-up und Styling sowie die professionelle Unterstützung bei den Shootings.
– die Models Alex, Danea und Anna Sophie, die alle Kleidungsstücke so gekonnt präsentierten.
– Paul Johnston von Fabrics Galore, der alle Stoffe für dieses Buch großzügig zur Verfügung gestellt hat.
– Helen Barton und Deborah Shepherd von Janome, mit deren Nähmaschinen alle Modelle genäht wurden!
– Dawn O'Porter für ihre Profitipps und ihre ermutigenden Worte.
– die Firma Grade House für die Umsetzung der Veränderungen bei den Schnittvorlagen.
– und natürlich auch Bob Dog, der uns alle bei Laune gehalten hat.

Ariannas persönlicher Dank geht an:

– Trev, meinen wunderbaren Ehemann, der mich liebt, der mich immer ermutigt und unterstützt und der sich nie darüber beklagt, dass ich von morgens bis abends voller Flusen bin.
– meine Familie – Danke an Mum, Dad und meine sagenhaften Schwestern, die mich lieben, an mich glauben und mich in einem so kreativen, farbenfrohen und lustigen Haus am Meer aufwachsen ließen.
– die genialen Ehemänner und Kinder meiner Schwestern sowie meine neue australische Familie.
– meine lieben Freundinnen für vergnügliche Gespräche mitten in der Nacht und dafür, dass ihr es verkraftet habt, mich ein ganzes Jahr lang nur selten zu Gesicht zu bekommen.
– meine Lehrer bei Sewing Sessions und die Mädels, denen wir das Nähen beigebracht haben. Ich bin sehr dankbar, in einem Umfeld arbeiten zu dürfen, in dem ich ständig dazulerne und neue Inspirationen bekomme.

Cathys persönlicher Dank geht an:

– meine ganze Familie, die mir sehr am Herzen liegt, besonders meine Schwester Saba, die alles super findet, was ich anpacke. Sie ist mein größter Fan und ich bin ihrer.
– meine lieben Freundinnen Mano, Cathy und Hayley dafür, dass sie mich immer wieder ermutigen und hinter mir stehen.
– Besonders bedanke ich mich bei Justin für seine Liebe, sein Verständnis und seine Unterstützung und dafür, dass er es klaglos hinnahm, mich während der Arbeit an diesem Buch monatelang nur sehr sporadisch zu sehen.

Die englischsprachige Ausgabe dieses Buches erschien 2017 unter dem Titel „Sewing Your Perfect Capsule Wardrobe. 5 key pieces to tailor your style“ bei Kyle Books, einem Imprint der Kyle Cathie Ltd.
www.kylebooks.co.uk

TEXT © 2017 Arianna Cadwallader und Cathy McKinnon
DESIGN © 2017 Kyle Books
FOTOS © 2017 Amanda Thomas
MODEILLUSTRATIONEN © 2017 Paula Blanche
TECHNISCHE ILLUSTRATIONEN © 2017 Robin Blair

Aus dem Englischen von der MCS Schabert GmbH, München, – www.mcs-schabert.de – unter Mitarbeit von Karola Koller (Übersetzung).

Bibliografische Information der Deutschen Nationalbibliothek
Die Deutsche Nationalbibliothek verzeichnet diese Publikation in der Deutschen Nationalbibliografie; detaillierte bibliografische Daten sind im Internet über http://dnb.dnb.de abrufbar.

Alle Rechte der deutschen Ausgabe
© 2018 Stiebner Verlag GmbH, Grünwald

Alle Rechte vorbehalten. Wiedergabe, auch auszugsweise, nur mit ausdrücklicher Genehmigung des Verlages.

Printed in China

www.stiebner.com

ISBN-13: 978-3-8307-0988-6
Wir produzieren unsere Bücher mit großer Sorgfalt und Genauigkeit. Trotzdem lässt es sich nicht ausschließen, dass uns in Einzelfällen Fehler passieren. Unter www.stiebner.com/errata/0988-6.html finden Sie eventuelle Hinweise und Korrekturen zu diesem Titel. Möglicherweise sind die Korrekturen in Ihrer Ausgabe bereits ausgeführt, da wir vor jeder neuen Auflage bekannte Fehler korrigieren. Sollten Sie in diesem Buch einen Fehler finden, so bitten wir um einen Hinweis an verlag@stiebner.com. Für solche Hinweise sind wir sehr dankbar, denn sie helfen uns, unsere Bücher zu verbessern.